子どもは「育ちなおし」の名人！

見えますか、子どものシグナル

広木克行 著

清風堂書店

目次＊子どもは「育ちなおし」の名人！——見えますか、子どものシグナル

表紙・カバーデザイン　上中志保

プロローグ

大震災に遭遇して考えたこと

――自然の持つ巨大な破壊力と生産力

二〇一一年三月一一日、東日本一帯が大震災に見舞われました。東日本大震災と命名されましたが、この名前では、何か人災の部分が隠されてしまいそうで、やや違和感を感じます。

おそらく今年は、日本と世界の大きな曲がり角に立つ年ではないかと思います。原子力発電が世界にどんどん広がろうとしている現在、その拡大の中で、もっとも科学技術が進歩している国と思われているこの日本ですら、原発は非常に深刻な災害を引き起こし、さらに、今後どのように災害が展開していくのかまだまだ未知数であるような状況を、いま世界は目を凝らして見ています。

これから世界はこのエネルギー問題をめぐって、非常に大きな転換をとげなければならない、そういうところまできております。今回、わたしたちは未曾有の大災害を通して、大自然の巨大さを、いささか侮っていたのではないかという強い反省とともに、これからのエネルギーのありかたを考えていかなければいけないというところに、立たされていると思います。

今回の地震と大津波を経験して世界中の人が、大自然の力の巨大さをまざまざと見せつけられました。科学技術でどんなにふんばっても、それを抑えることができない。コントロールすることができない大自然の破壊力として、わたしたちの前に姿を現しました。

多くの行方不明者、そして実にたくさんの命を奪われた方たちがいます。この破壊力のすさまじさ、それは人の命を奪っただけではなく、家族を奪い、そして地域を奪い、町を奪いました。こんな巨大な自然の破壊力を見せつけられながら、まだまだ多くの難題をわたしたちは解決していかなくてはならない。これはみんなが共通して感じているところだと思います。

他方で、わたしは今年の大学の入学式、高校の入学式を迎えたときに、やはり自然の力のもうひとつの大きさを感じさせられました。

これだけの厳しい自然の災害があったにも関わらず、被災地を含む全国の桜は満開の姿を見せてくれた。これは自然のもつ生産力の巨大さであります。わたしたちの命が、この自然の生産力によって、支えられ生かされているのです。

わたしたちは、いつもご飯をいただくときに、「いただきます」と思わず手を合わせています。

大学生に、「なぜ、ご飯を食べるときにいただきますって言うか知っている？」と言うと、「最近、オレ言ってないなあ」などと、学生たちはいろんな反応をします。

わたしたちはいきとしいける命をいただいて、はじめて自分の命を燃やすことができるという、極めて深い矛盾の中で実は命を営んでいます。その思いをこの「いただきます」の一語に込めながら、自然の生産力、ものを生み出す力に、ある種畏敬の念を感じながら、食をしているのではないかと思います。

自然の力、この巨大な破壊力と同時に、地球の数十億の人々の命を支えているというその生産力の巨大さ。満開の花を見せてくれた、この春の桜の花を見ながら、こういう自然の大きさを、わたしたちはもっともっと深く認識して、それを簡単に征服したり、支配するといった科学技術への依存や、または自ら妙にパワフルになったような気持ちを、どこか自制する必要があるのではないかとつくづく思わされました。

こういう問題については、新聞でも非常に多くのことが言われています。

例えば毎日新聞の四月一三日の「洗筆」というコラムでは、寺田寅彦のこんな文章を紹介してくれました。作家の寺田寅彦は、物理学者でもあります。寺田寅彦は、昭和九年に書いた随筆で、「文明が進めば進むほど、天然の暴威による災害がその劇烈の度を増す」(『天災と国防』)としています。征服したつもりでも、自然は何かの機会に檻を破った猛獣の大群のように暴れだし、人命を危うくする。こんな文章です。そして、寺田はこうも言っています。「『自然』は過去の習慣に忠実である。地震や津浪は、新思想の流行などには委細かまわず、頑固に、保守的に執念深くやって来るのである」(『津浪と人間』)と。人間は、地球に生かしてもらっている弱い存在。自然を征服できるというような驕りが、報復されているようにも思えてならない。そして「洗筆」の筆者は最後に「自然に、いわば謙虚に向かってきたか」と、自らを確かめる言葉を書いて、わたしたちに警告を発してくれているように思いました。

皆さん自身はもちろん、中学生や高校生になったお子さんたちにとっても、この大震災と津波、そして原発の事故は、これから何歳になっても思い起こすことのできる、そして思い起こさなければならない、大事な問題になると思います。

そして、おそらく、皆さんの子どもたちが、これから学び、巣立っていく社会の中で取り組む課題は、わたしたち大人の世代が子どもの頃に直面したものとは、また違うイメージになることでしょう。新しい資源とエネルギーのあり方、新しい自然との関わり、そして人類の生存に直結する環境問題などに関心を持つ子どもたちも、きっといっぱい出てくるに違いありません。そういう新しい時代への曲がり角に、子どもたちが高校で学び始めたというこの記念碑的なこの年の意味を、ぜひ皆さんは心に刻んで欲しいとそう思いました。

この大震災の破壊と、非日常の場面を、わたしたちはテレビでたくさん見せられました。しかし、テレビを通して見る場面は、お茶を飲みながらでも見れる画面なのです。現場はこんなものではない。それこそその現場に踏み入れることを躊躇させるような匂いがあり、光景が見えることでしょう。そうしたさまざまな問題が省かれた映像をテレビ画面で見ながら、わたしたちは想像力を働かせていろんなことを考えなければならないのです。わたしも大震災の現場に思いをはせながら、その現場の画面を見、非日常的体験を通して、やはりいくつかのことに気づかされたのです。

その一つは、実は東京新聞の記者が書いてくれた記事に刺激されたのですけれど、あの大震災の影響を受けて、東京でも相当の揺れがあった。そして放射性の物質が降ってきて、金町浄水場（東京都葛飾区）の水が汚染されて、子どもたちにその水を飲ませてはいけないということがあって、今まで聞いたことのない計画停電という言葉などにも接することになった。実際わたしの東京に住んでいる兄弟姉妹たちも、かなり震災の影響を受けています。

そんな中で、その記者は「都内で震災の影響を最も受けているのは、節電による東京の夜の風景だろう。都内有数の繁華街、渋谷駅のハチ公前のスクランブル交差点も、夜は暗くてすれ違う人の顔が見えないほどだ」と、震災の影響を書きながら、そこで出会った人にずっとマイクを向けながら取材をしているのです。

通りがかった女性に「身の回りで変わったことは?」と問いかけたら、「わたしたちの心ではないでしょうか」と答えた方がいた。そして、こう言われたそうです。「だって、当たり前だったものをかけがえのないものだと感じるようになった。いろんな意味で、目に見えない変化が大きい」と。

その言葉を逃すことなく、記録して記事にした記者のセンスは素晴らしいと思いました。今まであって当たり前だったものを、かけがえのないものだと感じるようになったということは、本当にこの地震で、大災害を体験されたすべての方たちの共通の思いだろうと思います。

――「存在の原理」と「能力の原理」

　これを少し哲学めいた言葉を使わせていただくと、「存在の原理に立ち戻る」という言葉で表現することができます。

　ここに子どもがいてくれる。そこにいてくれること、あること。このことがいかに尊いことであるかということ、奇跡的なことであるかということを、わたしたちはこの大震災、大災害の中で、気付かされつつあります。あらためて、存在の原理に立ち戻って、その大切さを心に刻みつつあります。しかし、時とともに、それが薄れていくと、今日の社会では、いつの間にかわたしたちは「能力の原理」に立たされてしまうのです。

　能力の原理に立たされると、わたしたちは子どもの存在を条件つきでないと受け入れられなくなります。

　これができなければダメ。あれができなければダメ。こうして、いわば条件付きの承認、条件つきの愛に変質していくのです。

もちろん、この社会に生き、そして成長しつつある子どもを見るとき、さまざまな力が育ち、能力が育つことは、楽しみでもあり、誇りでもあり、期待でもあります。ただ、それが存在の原理をうち消すほどに強くなったとき、親は子どもの姿が見えなくなり、親と子どもの関係に大きな陰りが見えてきます。

昔から、寝た子のかわいさと言います。子どもの寝顔を見ながら、「さっきは厳しいこと言ってごめんね」。そんなことを反省する親心はいつの時代にもあります。それは夜のいっとき、存在の原理に立ち返ったそんな瞬間だと思うのです。

あなたがいてくれて、あなたの親であることができて、とっても幸せ、ありがたい。やはりそういう思いと、でも、こんなことはできるように頑張ってねという自分と、わたしたちはこういう矛盾する二つの原理を抱きながら子どもを育てています。だから子育ては喜びであると同時に、辛さでもあり、期待する気持ちと、ときには諦めの気持ちがわいてきたり、実に多くの葛藤を経験するのだと思います。

その葛藤がおかしいのではない。その葛藤の意味を、こういう非日常の体験を通して考え、あって当たり前のものだと思っているものが、実はかけがえのないものだという、存在の大切さに思いをいたすことのできる自分でありたい。やはりこういう矛盾の中に生きながら、改めて大切なことを思い出させてくれる。それがこういう非日常の体験であるのではないか、とそのようにわたしは思いました。

――子どもたちの出番

そしてもうひとつ、避難所を映し出したテレビの画面を見たとき、中高生たちがとっても力を発揮している場面を見てとてもうれしくなりました。小さな子どもの世話をしたり、お年寄りの介護に、一生懸命不器用に関わっている中高生の姿を見ながら、中学生、高校生たちの力は、まさに頼りになる力だなと、それを彼らは発揮しているなということを思いました。

もっと言えば、懐かしくさえ思います。わたしのような、もう大学で定年を迎えて、そしてさらに仕事をさせていただいている年代のものは、子どもの頃、家庭で必要とされた体験があります。机の前に座って勉強する前にする、お手伝いです。家族がともに力を出し合って生きる。そこでは子どもたちの出番があり、子どもがいてはじめて家庭が回る。そういう生活をわたしたちはいわば余儀なくされていたのですが、そのことによって、若者たちは自分の居場所を家庭の中に築くことができました。居場所をつかまえ、自覚することができたわけです。出番がある。あなたがいてくれてよかったと、そう思ってもらえる関係が、家庭の中にあることによって、わたしたちはいつも必要とされていると自覚することができたのです。

しかし、いま、この中高生たちの力は、大震災などの非常時でなければ、滅多に発揮させられることはない。うちに帰ってくれば、勉強するために、机の前に座る。そのことが唯一の、いわば親が子どもに要求することにはなっていないでしょうか。子どもの力を、持てる力を、あり余る力を、わたしたちは十分に使っていない。あてにしていないことになります。この問題も、今回の震災を通してわたしたちが気付かされたことだ思っています。

――人間に戻っている教師

もうひとつあります。

テレビの画面を見ながら、学校の再開や、子どもたちを探す先生たちの姿を映した場面を見たときに、わたしは胸が熱くなり、こう思いました。

「ああ、先生たちが人間に戻っている」と。

それはひとりひとりの子どもの命と健康を気遣う先生たちの姿です。子どもたちの目から見れば、いつもの先生と違う。いつもは何やら評価のまなざしで、「あれはクリアしているか」「髪の毛の長さはどうか」。ひとつひとつ条件を、ものさしのようにあて行いながら、子どもたちを評価しているあの厳しいまなざしの先生とは違って、何かとてもやさしい、自分のことを気遣ってくれている、そんな教師との出会いを子どもたちは経験しているのかなと思いました。

今、大阪府では政治の力で異常な「教育改革」が進められていますが、その本当の目的は、先生の中から人間を奪い、政治権力の僕《しもべ》として競争と管理の教育をすすめさせようとするものです。

子どもの元気、健康など、子どもの存在そのものに関心を持っているのではなく、点数化された子どもの一部の能力を見て、もっと頑張れと叱咤激励するのが教師の仕事であるというわけです。子どもたちを励ますのは大事なことですが、先ほどから申しているように、能力の原理だけに人間の意識が特化されていったとき、教師と子どもとの関係は深くむしばまれていきます。

「勉強頑張れ」と期待することもときには大事なことですが、それ以上に、その子の元気を喜び、一番その子らしい姿を見たときに、「君のそれは素敵だよ」と声をかけるとき、自分の存在を大切だと教師が認めてくれていると子どもたちは感じるのです。

こんなとき、子どもたちは、いつもの先生と違うと感じ、こう言います。「なんか壁がなくなったみたいだね」と。その壁を感じさせない教師の姿にこの非日常の体験の中で、子どもたちが出会い、そして教師自らも子どもたちとのそんな出会いを体験していたのではないかと、そう思うのです。

こうして今、三つほど述べさせていただきましたが、非日常的体験を通して、普段は明確に現れてこない存在と関係の尊さに気づける心が、わたしたちの中になお息づいていることを知らせてもらったと言えるように思います。

子どもたちの元気さを心から喜ぶ教師たちの姿や、子どもたちを頼りにして、「おまえがいてくれてよかった」と、そんな言葉を子どもにかけることのできる親の姿、あらゆる条件をとっぱらって、「おまえが生まれてくれてお母さんはほんとうにうれしい」「おまえがいてくれて、父さんはほんとうに幸せものだ」と、そんな言葉を子どもにかけられるような場面をわたしたちは日常の中にどう取り戻していくのか。今、そのことが問われているのではないかと、そう思っています。

（二〇一一年四月二九日　大阪私学助成をすすめる会　講演より）

第一章

「生きづらい」今を生きぬく子どもたち

1　秋葉原・土浦通り魔殺人事件から見える子どもたちの育ちのゆがみ

――青年事件に見る「頭の育ち」と「関係の育ち」

今、子どもたちの「育ち」はどうなっているのでしょうか。

数年前、あるいは十数年前には子どもであった青年たちは、いま、学校や企業の中で非常に大きな困難に直面し、それが凶悪な事件の温床になっていると言われています。それは最近広く指摘されているように、弱者を犠牲にして巨大企業に奉仕するための、競争と自己責任を原理とした政府の政策の現れと結果にほかなりません。それゆえに、政府の教育政策や社会政策のあり方を厳しくチェックすることは、現在の子どもたちを守るためにも非常に重要なことです。

しかし同時にここで注目したいのは、多くの青年たちが一方では身を削るような勉学と労働を強いられ、他方では勉学と労働の場から切り捨てられる境遇にありながら、それに反発して重大な事件を起こす人が極めて少ないという事実です。これは、心ある教師や親たちの努力が、子どもたちを支えてきたからだと言っても過言ではありません。そのことの意味を確かめるために、近年起きたいくつかの凶悪事件を例にして考えて見たいと思います。

たとえば秋葉原事件（二〇〇八年六月）を思い起こしてみてください。事件を起こしたあの青年は歩行者天国に車でつっこみ、面識のない多くの人を殺《あや》め、傷つけました。しかし彼は小学校と中学校では学年でトップクラスの成績を取っていたというのですから、けっして思考力の低い人ではなかったのです。

子どもの成績がよいと、多くの人は「子育てと教育がうまくいっている」と思いがちです。この事件の場合もそうでしたから、その子育てと教育には青年期において破綻する問題点があったと見ることも可能です。つまり彼は、社会人になって職場での非人間的な労働環境や人間関係のトラブルに直面しましたが、それと向き合う力が育っていなかったと考えられるのです。

中でも特に重要だと思えるのは、彼には悩みを語り合える友達がなく、一貫して孤独だったということです。小中学校時代から「ひょうきんな奴」とは思われていたようですが、深く関わり合う友達はいませんでした。関係を取り結ぶという、まさに人格にとっての中心的な力が育っておらず、孤独の中で苦しみを倍増させたと見ることができるのです。

もう一つの事件を見てみましょう。茨城県土浦市で青年が何人もの人を殺してしまった事件（二〇〇八年三月）です。その事件の第二回公判の記録が公開されていますが、それによると、霞ヶ関に勤める官僚であった彼の父親は、家庭のことはすべて母親に任せ、親子や家族の中での会話はほとんどなかったと青年の妹さんが証言しています。彼はそんな父親を敵視していましたが、父親もまたその公判で、「遺族、被害者に謝罪して責任を取ってほしい。当然死刑であって然るべきだ」と証言する人でした。

彼は高校三年生になって成績が下がり始めると、「負ける前に引く」と言って追試験も受けないほど成績にこだわっていました。事件の直前に彼が携帯に残したメッセージには「わたしこそ最も優れた存在だ。もうこの世には飽きた。だからお終いだ」という言葉がありました。彼もまた、「競争と序列の教育」の中で、親からさえ見捨てられる不安におののきながら、支え合う友達を得られなかった青年だと考えることができるのです。

これらの事件は、人間関係の育ちを無視した頭だけの育ちが、いかに人格の育ちを歪めてしまうものであるかを示しています。わたしたちはここからも、生活と教育のあり方の重要性に関する教訓を学んでいかなければならないと思うのです。

――親子関係の変質が生む新しい「攻撃性」

土浦の事件を見てもおわかりのように、青少年の事件の背後には、親に対する深い恨みが横たわっています。そこでもう一度、秋葉原事件を取り上げてその親子関係について考え、競争の教育が親の心をどこまで変質させるものであるかを考えます。

秋葉原事件の青年は事件を起こす前に、ケータイのサイトに自らの思いを書き込んでいました。

「親が書いた作文で賞を取り、親が書いた絵で賞を取り、親に無理やり勉強させられたから勉強は完璧」「親が周りに自分の息子を自慢したいから、完璧に仕上げたわけだ　俺が書いた作文とかは全部親の検閲が入ってたっけ」「高校出てから負けっぱなし」「つまり悪いのはおれなんだね」と。

幼い頃から、家庭の中での彼と母親との関係は、まさに学力を上げるための、精神的虐待と言えるほどに異様なものでした。青年の弟が、罪を犯した家族の一員である自分の責務として、そのことを証言しています。それを掲載した週刊誌には次のように記されています。

「作文は、一文字でも間違えたり、汚い字があると、そこを修正するのではなく、それをゴミ箱にすてて最初から書き直し、……一つの作文に一週間。これはしつけではなくていじめである。」

「本を買うにも、何を買うのかチェックが入り、買ったら感想文を書かなければならなかった。」

「他のものも買うには許可を得る必要があったので、ものを欲しがると言うこと自体しなくなった。」「テレビを見るのは禁止。『ドラえもん』と『まんが日本昔ばなし』以外は、高二になるまで見たことがなかった。」

「食事の途中で母が突然兄に激高し、廊下に新聞を敷き始め、その上にご飯や味噌汁などその日の食事を全部ばらまいて、『そこで食べなさい』と言い放ったんです。兄は泣きながら新聞の上に積まれた食事を食べていました。父も黙っているばかりで助け船も出しませんでした」と。

親にとっての「よい子」と「良い成績をとる子」を求めて子どもを支配する親子関係のあり方が、彼の人格の土台を崩してしまったと言っていいでしょう。

心の中に積もり積もった親に対する恨みの感情が、親に対する復讐の意識へと変化し、それが親を生かしたままで苦しめるという心境になって、事件に向かう怒りの火薬庫を形成していったとしても不思議ではありません。そして就職後の生産現場における派遣労働者に対する非人間的扱いが、その火薬庫に火を付けたのです。

つまりこれは親の関心と気分に支配された子どもが、親の期待に応え得る力を維持できなくなった時、見捨てられる恐怖を強め、生きることへの希望を失ったと考えられる例であること。そこから彼は徐々に親への復讐の気持ちを強め、それが形を変えて面識のない多数の人間を殺してしまう事件につながったと見られることです。これを「新しい攻撃性」と見ることもできますが、同時にここからわかることは、「頭の育ち」に一面化して「関係の育ち」を無視する子育てと教育が、いったんつまずいた時の恐ろしさです。

こんな話は、高校生以上の青年期の問題に聞こえるかもしれません。しかし今日、小学校に入ったばかりの子どもたちの中にも異様な攻撃行動が増えています。その傾向は、幼児期から学力と能力を高めて教育中心の生活が強いられ、点数にこだわり、パニック状態になる子どもが増えていることと無関係ではありません。

しかもそれは学力重視の教育政策に便乗した教育産業の宣伝や事業拡大と深い関わりがあります。「三歳からでは遅すぎる。二歳からでも遅すぎる」という宣伝が子育ての不安を煽《あお》り、早期教育の大流行を引き起こしているからです。その中で、人間や自然に直接関わる体験こそが必要な幼児期を犠牲にする子育てが広がっており、人間関係を築けない小学生が増えているのです。

関係をつくる力は目には見えぬ力であり、点数化することができません。それゆえに、目に見える学力の教育に目を奪われると、関係をつくる力の育ちを見守りながら待つことが非常に難しくなるようです。全国一斉学力テストの結果公表や私立小中学校への受験に関するマスコミなどの情報が溢れる中で、その傾向はますます強められています。

そこで問われるのが、まさに「生活の中で育まれる関係性」です。失敗もつまずきも経験できる豊かな関係の中でこそ、子どもたちは人間として育ち、育ちなおすことができるからです。

2 「百番以下は猿である」

——進学校の子どもたち

進学校の子どもたちはどうでしょうか。大変成績優秀な子どもたちが、いわゆる進学校、周囲からはエリート校と目されているところに行きます。しかし、そこに行けば小学校でも一番、中学校でも一番だった子どもが、成績では自分の居場所がなくなってしまうのです。

公立の中学から受験して中高一貫の高校に行った子どもがいました。その子は中学では成績トップだったのですが、高校でまったく学校へ行けなくなってしまいました。そして、学校へ行けなくなってから、お母さんにその苦しみを話したそうです。

実は、その学校では五月の連休のあと、これから三年間をどういう生活を過ごして、どう難関大学に入るかという新入生のオリエンテーション合宿がありました。彼は別の中学から来ていて、馴染まない自分、少し孤立を感じている自分を感じながら、そこに行ったわけです。その時に指導の先生がこう言ったそうです。

「この学校では、百番までは人間である」

おっしゃった先生は、励ましのつもりだったに違いありません。

「もし、この学校で百番以内で入っていたら、君は希望大学には突破可能だぞ」と、そんな意味で百番までは人間であると言ったのでしょうが、子どもの心には、別の意味で届けられました。

公立の中学校でトップだった子が、連休前の実力テストで百番以下、いや二百番近い成績だったのです。今までひとけたしかとったことのない子が、三けたの順位をとってドキドキしているところに、「人間ではない」と言われてドッキリしてしまって、ぼくはいったいなん何だろうと思い悩んだと、そのときの気持ちをカウンセリングに来たお母さんが教えてくれました。

そして、百番以下はなんなんだろうと頭がいっぱいになっていたら、先生はこう言われたそうです。

「百番以下は猿である」

それで、その合宿が終わってから、彼は学校に行くことができなくなってしまいました。

学校に行けなくなってから、

「あんなに黙っていても勉強する素直な子が、どうして」と、ずっと思い悩む両親の姿を見て、自分はなんと悪い子なのか、自分はなんとダメな子なのかと自分を責め始めたのです。

そして、お母さんも地域のスーパーに買い物に行くことができなくなりました。

この前までは、地域のスーパーに行っても、自分の子どもが有名な学校に入って、歩いていても誇りに思って買い物に行けたけれど、心がなえて、子どものことが話題になるところには足を運ぶことができずに、お母さんは遠くの遠くの、誰も知っている人のいないところに買い物に行くようになっていたのです。

――お母さんの涙

その子は、それから自分の部屋に閉じ込もりました。全く出てこれなくなりました。本当に大変なことです。トイレはどうするのか。着替えはどうするのか。本当に大変なことになりました。お母さんは毎日、彼の部屋がある二階に、おまるを置き、必要な着替えを置き、そして三度の食事はそこに運んで、そうしてずっと、彼を見守り続けるしかなかったのです。

そのお母さんに子どもが引きこもってからずっとカウンセリングを続け、お母さんの目から涙がいっぱいこぼれている姿をわたしはずっとずっと拝見しながら、お母さんと一緒に考えました。

でも、時々、カウンセラーであっても、やや冷静になっている自分がいるのです。わたしはそのお母さんが、カウンセリングに来ながら流すその涙が、自分のための涙だなあと、少し生意気ですが思いました。

人と顔を合わせることができないこの辛さ、この苦しさ。先生のひとことで子どもが早く元気になって学校に戻る、そんな魔法の言葉を教えて欲しい。そうすれば、この辛さから解放される。「助けて」という涙だと感じたのです。そして同時にわたしは、そのお母さんが流す涙を見ながら、心が深いところで揺れている尊い涙だと思いました。自分の苦しみのために流す涙ですが、また自分の子どものためを思って流す涙でもあって、そんな涙の尊さを思いながら、わたしはそのお母さんのカウンセリングを続けました。

――生きていてくれてよかった

やがて、カウンセリングを続けていくうち、三か月、四か月経った頃でしょうか、お母さんの涙がだいぶん乾いてこられたのです。心が大きく動いてこられたなあと思いました。

お母さんはこうおっしゃったんです。「最近は、おまるに排泄物が入っていると、ああ、生きてくれてて良かったと思うようになりました」。食事が減っていると、「ああ、ご飯を食べてくれた。まだ元気でいてくれた」、とっても嬉しかったと、そう言ってくれました。お母さんは、この「生きてくれている」、「存在してくれている」ありがたさ、大切さを心の中にしっかり感じるようになって、カウンセリングを続けてくれました。

そして、六ヶ月を過ぎたある日、カウンセリングに来て、そのお母さんがわたしにこう言ったのです。お母さんは笑顔でわたしの研究室に来られたんです。「実は、この前、二階に食事を置いたら、わたしの目の前で戸がスーッと開いたんです」と話し始めました。お母さんの心の変化を、子どもは敏感に察知するのです。彼は、お母さんの目の前で、戸を閉めずに食べた。お母さんはその姿をじっと見ながら、あまりにうれしくて言葉にならなかったそうです、食べ終わってから、「からだをふいてあげようか」って言ってみたそうです。そうしたら、「うん」と言って、お母さんを受け入れてくれたそうです。お母さんはうれしくて、一階に戻って洗面器にお湯をいっぱいいれて、タオルを持って二階にあがり、そして異臭の立ち込める部屋に入って、真黒なベッドの真黒な服の、真黒な彼のからだをふいてあげたそうです。

お母さんは、それを話しながら、笑顔を見せていました。そしてこう言いました。「わたし、からだをふいてあげながら、こう思ったんですよ。この子を産んで良かった。この子の母親で良かったって思ったんです」。「どんなに苦しかったわからないのに、最初にわたしを受け入れてくれて、そしてからだをふかせてくれて、この子の母親で良かったって本当にそう思いました」って。お母さんがそう話してくださったときに、わたしの方が、涙が止まりませんでした。これはほんとうに、子どもの辛さを深く深く考えて、子どもがここにいてくれることの尊さを感じ、苦しさを乗り越えつつある子どもの姿に感謝し、心から温かいものを感じているお母さんの姿でした。

彼には、苦しさに悶えながら、自分自身と向き合って心を整理するために半年以上の月日が必要だったのだ、とも言えると思います。

そのお母さんの力が支えになって、彼はそれから下で食事をするようになったのです。そして、もう一ヶ月もたたないうちに家族と食事をするようになって、それから彼とのカウンセリングを始めました。

「ぼくは、別の学校に行きたい。僕を人間とみなしてくれる別の学校に行きたい」。そう言ってくれましたので、中学時代の先生たちと一緒になって知っている高校の資料をもってきて、「いろんなところがあるよ。どんな先生がいるか、自分の納得できるところを探そう」とひとつひとつ見学にいって、彼はひとつの私学を選び入学しました。中高一貫ではないですが、そこで彼は学び直し、そして見事に大学生になっていきました。

勉強がとっても優秀で、理解力の高い彼でしたが、競争の教育の中で、自分が思わぬ境遇に直面したときに身動きできないぐらいの辛さを経験して、そこで立ち止まってしまった。でも、そこから新しい自分の目標を探し始めて歩み始める。これを「育ちなおし」と言います。それを支援することが、まさにわたしの仕事なのです。

3 「いや」が言えない子

——「わたしを殺して……」

こんな女子中学生がいました。彼女はのちに中学校の非常勤講師から始めて音楽の先生になりました。

中学一年生のとき彼女はロープを持ってお母さんを追いかけました。「これでわたしの首を絞めて」「これでわたしを殺して」と。

何度もリストカットして、そして血液が固まらないように、リストカットした手をお湯をはった洗面器の中に入れたり、お風呂に入れたり、そんなことで苦しみを現わしていた女の子でした。死にたい、死にきれない。それでロープを持ってお母さんを追いかけて「これでわたしを殺して」と言っていた子どもでした。

そんなときに、お母さんがわたしに相談してくれたのです。いろいろな人に相談したら誰かがわたしのことを知っていたのです、それでわたしに電話をくれました。当時、長崎にいたわたしに東北からの電話でした。一時間ほど話しました。「娘が追いかけてきます。ロープを持って追いかけてきます。これでわたしを絞めてと。わたしはどうしたらいいでしょう」と本当に壮絶な状態の中で必死にかけてこられた電話でした。よくぞ電話してくれたと思いました。

もちろんそのときは「まずお子さんの話をよく聞くこと。今わたしがあなたの話を聞くようにお子さんの話をよく聞く。今できることはそれだけです」と話しました。「でもその子の心の苦しみを本当に知るためには直接会いたい。もし、本人が嫌と言わないのならば、会いましょう」と伝えたのです。それでその週の日曜日に東京まで出てきてもらって東京駅の地下の喫茶店の片隅でその親子と会ったのです。

なんと聡明なお母さん。なんと賢いお嬢さんだろうと思いながら話を聞いたことを思い出します。

――「いや」が言えない良い子

そのお嬢さんはずっと成績がトップクラスできた子なのです。小学校の四、五年生のころから、終わりの会の前に先生が「ちょっと」と職員室に呼びだしたそうです。それで、その子は何だろうと思って行ったら、「これをみんなに連絡しておいてくれ」と先生から頼まれたのです。そしてその子が「先生からの連絡があります」と言って終わりの会で報告すると先生が伝えるよりもはるかによく子どもたちに伝わるわけです。本当に話し方が上手なのです。その子が小学校のときはそれでよかったのですが、そのことが申し送りされたみたいで、中学校の担任からも終わりの会の前に呼ばれたというのです。

最初の頃は先生のために良い事をしているのだ、みんなために役に立つ事をしているのだと思っていました。でももう思春期として成長した彼女の心は、それが友達から異端に思われているということを感じ始めていました。あの子は特別扱いされている。結局みんなから段々退かれていって、彼女は自分が浮き上がっていることを感じます。

だったら先生から呼ばれたときに「嫌」「わたしは行きません」と言えばいいけれど、

それが言えない。「NO」と言えない、即ち「良い子」だったのです。世に言われる良い子の問題というのは「NO」と言えないことです。親から言われたこと教師から言われたことは、自分で無理かなと思っても引き受けてしまう。それがどんどんストレスになってたまっていくのです。

この子も「NO」と言えなかったのです。

――「学ぶ」ことは、義務ではなく権利である

そのうちに、朝学校に行こうとすると又その場面が頭をよぎる。みんなから浮き上がる。この板ばさみの状況の中で苦しんだのです。それで学校に行けなくなってしまいました。学校に行けない子どもを見て苦しむ親、賢い彼女はそれが全部わかるものだから、こんなわたしは生きている価値がない。NOとも言えない。苦しむ親をわかりながらなんともできない。こうやって自分を責めて死ぬしかないと思って手首を切ります。

その子はそのことをわたしの前できちっと話してくれました。素直で表現力が豊かな子でした。そしてその子のお話を聞きながらわたしが「あなたの辛さ、わたしにはこんなふ

うに伝わってたよ。『わたしは先生の奴隷じゃないのに、でもまるで先生の助手のように先生の手先のようにそんなふうに友達から思われている自分が辛い。それを先生に言いたいけれど言えない。わたしは先生の奴隷じゃない。手先じゃない』そう本当は叫びたいんだよね」と言ったら、「先生、わたしの気持ちわかるんですか！」と言うのです。わたしはそういう経験は全くないのですが、わかるような気持ちがしたのです。

そしてもう一つ話してみました。「でもあなたの気持ちはもう一つ苦しみを持っているように思ったよ。それは学校に行かないことは悪いこと。学校に行かないことは駄目なこと。そう思ってあなたは苦しんでいるよね。だって義務教育だもの。学校に行くのは義務だと思っているあなたにとって義務を果たしていない自分は悪いことをして駄目な子だと思っているから苦しいんじゃないの」と話したら、「え〜っ何でそんなことがわかるの？」と言ってくれたのです。賢いからちゃんと応えてくれるのですが、それで彼女にこう言いました。

「学校に行って学ぶのは権利。そして子どもの学ぶ権利を保障するのが国や自治体の義務。そして親はそれを妨害してはならない。これが義務教育の意味であって子どもの義務じゃないんだよ。子どもは学校に行って学ぶ権利がある。賢くなる権利があるんだよ」

――学校に行かない権利もある

「でも学校に行こうとしても苦しいとき、今日は行けないと思うとき、学校に行かない権利もあなたにはあるんだよ」このように彼女に話したとき、彼女はびっくりしてましたね。目を剥いて、「え～、学校に行かない権利があるんですか」って言うのです。

「ちゃんと教育基本法にも憲法にもしっかり書いてある。教育を受けるのは子どもの権利ですよって。だから学校には安全保持の義務というものがあって、学校に行って自分が自分のままでいられないとか、このままではおかしくなるという危険なときには行かずに自分を守る権利がちゃんと子どもにはある。だから学校に行かないことで自分を責めたり、義務を果たしていないからといって自分を責める必要はない。あなたの権利なのだから、安心して学校に行ける環境が整うまでゆっくり休みなさい。これは教育研究者のわたしが言うことだから間違いない」と言ったのです。

そうやって一週間ほど過ぎてから届いたお嬢さんからの手紙に、「学校に行かないのはわたしの権利ですね」と何行も書いてある。どんなに嬉しかったかが伝わってきました。

重い荷物を背負って親を苦しめる自分、学校に行けない自分を責めるだけではなくて、義務を果たせない自分まで責めていた。誤解に基づいて責めていたのでした。

不登校の自分を受け入れて、それから

でも、一ヶ月過ぎて彼女から来た手紙はもっと素敵でした。「学校に行かない日は大好きなピアノを弾いています。そしてピアノを弾きながら気がついたことがあるのです。この十本の指、この指でこんな素敵な曲を奏でることができる。人間の指ってすごいですね、先生」と書いてある。「そしてそのことに気付いたとき、わたしはあのとき死なないでよかったと本当に思ったのです」わたしはこの子のこんな素晴らしさがどのように花開くかとっても楽しみでした。

その子は結局そこの学校には戻りませんでした。親と一緒に自分のような人間を優しく受け入れてくれる学校を探して、いろいろな学校や教室を訪ね、国立病院の院内学級に行くのです。そこの先生が気に入ったというのです。親も本気です。その子がそこがいいというのなら、何としてでも入れてもらおう。お母さんの迫力はすごいです。

それで、その子は病院の院内学級で中学三年間を過ごすのです。そして院内学級を卒業して高校に行くときに、電車で一時間以内で通える定時制、通信制、全日制、単位制を全部回ったそうです。そして先生に聞きたいことをちゃんと準備していて親と一緒に聞くのです。答えてくれない先生はバツ。この先生もバツ。バツが多いです。そのうち彼女は家から一時間かかる定時制高校で会った先生にマルをつけました。マルどころか二重マル。それで彼女はこの高校に行きます。そこの高校から大学に進んで音楽の教員の免許を取ります。

彼女から次のような手紙を受け取りました。

「私にとって本当にたくさんの出来事がありました。たくさんあり過ぎて何を書いたらいいのか分からないくらい素敵な時間を過ごしています。まずは平成一四年一一月から一五年の三か月間県内の中学校で講師として勤務しました。私は音楽教師なので、もちろん音楽の先生の病休代替でした。音楽の授業も教室もものすごく荒れていました。それでも心を開いてくれた多くの生徒たちと三か月という短い期間を満喫しました。その後、平成一五年四月から一年間、ある中学校で勤務しました。本当は一学期だけ、産休代替で行ったのです。一学期で辞令は切れていたのですが、私のクラスの生徒たちが署名運動をして校長に何度も話してくれ最終的に嘆願書を出し、私を一年間の担任として学校に残れるように動いてくれました。そのおかげで育休の先生の育休延長が決定しました。私が三月まで働くことになりました。私の知らないところで校長や教育委員会に話をしていたとは」
「私は二年三組の担任となりました。本当の担任。何もかもが初めてで毎日夜遅くまで学級のことや教材研究、そして子どもたちのことを考えたり準備をしたり、反省したり、とにかく今では考えられないような生活をしていました。そんな私を三一人の生徒たちが支えてくれました。思い出していると胸が熱くなります」

子どもたちからものすごく彼女は支持されるのです。この手紙をくれたときは任期が終わってそこを辞めた後です。

「去年の一年間は私が二五年生きてきた中で一番だということです。不登校をしていた自分が再び中学校で生きることは決して楽しいことばかりではありませんでした。職場で感じる同僚教員の生徒に対する接し方や学校組織のあり方。私があの頃に感じていたことがまだ目の前で行われている。そして同じような教師は現場にはたくさんいるということです。私にできることは限られていることかもしれないけれど、不登校をしていた自分に自信を持ってできることを全てやろう。ぶつかったり戦ったりもしていこうと思いやってきました。

そして理解し合えるかけがえのない仲間を得て、今では多くのことを話すことが私の刺激となっています。先生、私は本当は学校に行きたかったのです。でも不登校をしてよかった。一五歳の私は一度も学校を好きだと思ったことはなかったけれど、一〇年後二五歳になって初めて学校に行きたい、学校が好きと言えるようになりました。二年三組の三一人が私にそんな気持ちを持たせてくれたのだと思います。」

「二年三組のみんなが三学期卒業文集を作りたいと言って文集を作り始めました。私の愛する生徒と学級のことを先生にも見てほしいのです。

あの時代、あの不登校時代、先生に出会っていなければ、私の人生はこんなに明るく幸せだったとは言えないと思います。あの頃を知っている先生だから今の私を見てもらいたいのです」

そういって彼女は写真とアルバム、文集を送ってくれました。彼女は二年三組のクラスで非常勤だから一年で辞めるわけですけれど、子どもたちは、すごい文集を作るのです。先生のことをみんなが大好きなことがその文集のすべてから伝わってきました。

不登校を経験した先生だからわかる、子どもの目線で考えるということに徹している先生にこの子どもたちは初めて出会ったのです。だからそれを卒業文集として記念に残したいということだったと思います。この女性の音楽教師は先程申した教訓から言えば、学力と社会性はちゃんと取り戻すことができるという典型でもありますが、同時に死の淵に立つほどの苦しみを経験しながら、そこから生きること生きる力をとりもどし、大嫌いだった学校を好きと言えるほど、子どもたちが好きと本当に言えるほどの素晴らしい教師にまで育っていった一人の人間の姿だといえます。

4 人を孤立させる言葉のおそろしさ

——携帯のワンコールに返信しないと仲間はずれ

携帯やメールをめぐって、子どもたちがつらい思いをしていることも、実にたくさんあります。

わたしが長崎にいたとき、高校一年生の女の子がお母さんと一緒に相談に来ました。学校に行けなくなったからです。中学校のとき、本当に努力して、とてもよい成績で県内でも有数の進学校に入った子でした。これからの高校生活に胸をふくらませて、たくさんの宿題も頑張って一所懸命暮していました。女の子の友達は、みんなそれぞれ三、四人のグループを作っていました。自分も四人のグループに入ったのです。そのうちAさんがそのグループを仕切るようになり、「こうしてよ」とだんだん命令口調になってきました。そして、Aさんは、残りの三人に自分からケータイをかけてすぐに切る、そうすると、お金がかからないのだそうです。鳴った瞬間、誰から電話がきたかがわかる。そして「ワンコールしたら、すぐに返事をちょうだい、返事はメールで」と彼女は言ったのです。自分は一銭も使わず、自分が電話をかけたことを三人に知らせ、それを三人はパッと見て、メールで、「ありがとう」という返事を打つようになったのです。それにすぐ返事をしないと、翌日彼女は非常に機嫌が悪い。そしてだんだんと意地悪がつのってきた。

そんなある日、彼女は、Aさんから来たそのワンコールに、「ありがとう」とすぐ返事ができなかった。「あっ」と気づいて打ったときにはもう遅い。翌日、Aさんから厳しい仕打ちを受けた。そしてその後、彼女にはワンコールさえこなくなってしまいました。四人の中でもう自分はのけもの。他のグループはそれぞれできあがっていて、いまさら入ることなんてできない。それで彼女はだんだんと苦しくなってきた。学校に行っても居場所がない。いつも友達のことが気になる。こうして不登校になった彼女は、お母さんに連れられて、わたしの研究室にやってきたのです。

よっぽど苦しかったのでしょう。わたしのところにきたとき、ほとんど口をきくこともできず、ご飯も食べることができない、本当にやせ細ってつらい状態でした。それから長崎大学の喫茶室がわたしと彼女のカウンセリング室になりました。わたしが長崎大学に講義に行って、職員の喫茶室でコーヒーを飲んでいると、打ち合わせた時間に彼女がやってくるのです。「以前は大学をでて国語の教師になりたかったけど、あれだけの経験をして、もう学校の教師にはなりたくない」こう言って苦しみを吐き出しながら、彼女とわたしはずっと一年間、お付き合いをしました。

それから彼女は、教師にはもうならないと言いながら、「やっぱり大学に行って自分を探したい。本当に自分に合った道が何なのか、もう一度探しなおしたい」そう言うようになりました。高校には戻らず、大検を取りました。もともと非常に優秀な生徒でしたが、彼女は夢中になって一所懸命勉強しました。そして、ある有名な私学に合格しました。今、彼女は大学を卒業して、学校の教師ではないけれども、子どもたちに関わる仕事がしたいと、子どもの本や雑誌の編集をしています。子どもたちに取材をしたり児童文学者に取材をしたりしながら、とても元気に明るく仕事をしています。ヘルプを求める力を発揮した一つの例ですが、一つのいじめが、これほどまでに激しく人の人生を変えてしまう深刻な行動であるということを、わたしはこの事例を通じて学びました。

――内言を豊かに持つことの大切さ

携帯というこの情報端末がいじめの質を非常に悪質にし、人の心を深く傷つけるものにしているということはあちらこちらでおこっています。最近は、携帯を使ったホームページやブログなどを通して、人を中傷し人を孤立させることが広がっています。おそらく、わたしのところに十数年前に相談に来てくれた彼女の苦しみとはまた異質で、もっと深い苦しみを、かなりの子どもたちが体験していると思います。ホームページや裏サイトでの、あることないことを匿名で、またはまるでその人が自分で書いたように改ざんするといういじめの新聞記事を見てわたしはこう思います。言葉に表れた人間としての未熟さと残酷さだと。

我々人間の言葉は、心理学的には二つの言葉に分けられます。一つは、日常の会話のように人に伝えるための言葉で、これを外に現われた言葉、外言といいます。そして、心の中だけで使う言葉を内なる言葉と書いて内言といいます。内言を豊かに持っている人間は、相手の状況や相手の気持を思いやって、内なる言葉にすることができるのです。外言はそのうちの一部です。内言と外言を上手に操ること、それが大人になるということです。

しかし中学生や高校生があのブログの中で使っている言葉は、幼い内言そのものということができます。決して人の前では言えない、すなわち外言としてしっかりと選び抜かれた言葉ではありません。心の中では確かに人間は色々思います。それをそのまましかも匿名で、人を傷つけるために使っているのです。

実際、内言がついつい言葉に出て外言になってしまうことはあります。発達年齢でいうと、三歳半までの子どもは内言と外言の区別がつかないと言われています。その心理状態を自己中心主義と言いますが、ジャン・ピアジェという第一級の心理学者が、我々に示してくれたその考え方で解釈すると、ブログの中で内言を剥き出しにして人を傷つける言葉として使うこと、それはまさに幼児化現象と言うことができます。それ自体人間の発達という視点から見れば深刻な問題です。

インターネット、ブログという発達した情報伝達方法は、わたしたちが本当に大人としてそれを使い切る姿勢にならなくては、実はとんでもない爆弾を抱えたような深刻な武器になってしまうということを、今わたしたちは経験しつつあるのだと思います。

自己中心性を越えて内言と外言を区別できる社会性を身につけた大人になることの大切さ、この問題がしっかりと理解できなければ、携帯がどのように便利であっても、お互いを傷つけあう道具になってしまうのです。


今を生きる子どもたちの生きづらさを、いくつかの例について見てきました。

それを通してわかることは、人間関係の貧しさであり、孤立しながら排除し合う子どもたちの姿でした。そして同時に、「子どものため」を願う親たちの思いが人間関係の回復に向かうのではなく、競争に勝つ「学力の向上」に向けられ、それが親子関係を深く蝕んでいる状況でもありました。

その中で心傷つき、自分自身や他人を更に傷つけてしまう悲劇が繰り返されています。そして子どもの苦しみにいち早く気づき、勇気を出して学び始めた親たちが、子どもを守り救う大切な存在であることも明らかになりつつあります。

そこで次に考えておきたいことは、子どもにとっての学びと育ちの関係についてです。

第二章

学びの意味を求める子どもたち

1 「早期教育」と子どもの発達のゆがみ

――「点数化」「序列化」される子どもたち

保育園でお母さん方にお話をさせていただくと、いつから習い事をさせたらいいのか、いつからどうやらせたらいいのかといった不安の声を多く聞きます。実際四歳児、五歳児を持つ親はたくさん習い事をさせています。その習い事をさせている周りを見ると、自分の子だけ保育園で遊ばせてそれでいいんだろうかと思ってしまいます。そういう気持ちは今おそらく多くの親にとって切実なものだと思います。

だってインターネットでも、新聞・雑誌でもそういう子育ての早期教育の情報は雨やあられや洪水のように皆さんのところに押し寄せています。

その中で自分の子どもの将来を考え、何を習わせたらいいか、いや習い事をさせないほうがいいかという親の悩みは、本当に子どもを思うがゆえの悩み、大変な悩みだと思っています。

ここでとても大事なのは子どもたちには発達の順番があるということをしっかりととらえることです。自分が揺れるとき、この発達の順番を頭の中にちゃんと置いて考えていくことが、何よりも大事なことなのです。

さまざまな早期教育・習い事の案内を見ていくと、どれも点数化されるものです。点数化されるものは親と子どもの関心を非常に引きつけます。しかし、子どもの成長と発達にとって本当に大切なのはそんな点数化できるものではありません。

もっと子どもたちが全身で心の奥から感じながら育っていくものこそが大切なのであって、そういったものは点数化することができません。

そして点数化してしまうと何が起きるかというと、子どもたちの中に序列が生まれるのです。自分はよくできるとか自分はあまりできないとか、自分は普通だという序列です。

厳密な相対評価が小学校にも導入された後で、小学校二年生の子どもが通知表をもらって帰ったときにお母さんにいったそうです。

「お母さん、僕、普通の子だって」と。

通知表の評価の真ん中のところに丸印がいっぱいあったものだから、「普通の子だって」と親に言ったのです。

点数化し、序列化すること、これは子どもたちの中から遊びを奪うことです。なぜなら子どもたちがお互いに楽しく遊び育つことができるのは、子どもたちが横並びになっているときだからです。点数化されると子どもたちはいつの間にか縦並びになっている。縦並びになると遊びが消えていきます。

自分の子ども時代を思い出してみるとわかると思いますが、学校でうんと成績のいい子と、まだ成績がそこまでいっていない子の間にはなかなか交流関係が生まれません。

序列化されると大体似た序列にいるもの同士がちょっと集まるぐらいで、子どもたちの中から遊びが消えてしまいます。ものすごく大事な子どもの遊びをそうやって奪っていることに気がつかないのです。これが早期教育の大きな問題点です。

――親子関係の変質 「親和動機」と「達成動機」

それからもうひとつ、点数化と序列化は、親子関係を変えてしまいます。だって親は子どもの点数や偏差値を見て、もうちょっと高くなってほしいと思うし、もうちょっと子どもを学ばせたくなってしまうのです。

これで何が起きるか。

このことについて、『子どもが育つ条件』（岩波新書　柏木惠子著）という本の中にとても大事なことが書かれています。「親和動機」と「達成動機」についてです。

それを読むと、親が子どもに一方的に期待し子どもの点数を追いかけるようになった場合、親子関係がどのように変わってしまうかということが分かります。

点数によって明らかに変わる親の表情を見ながら、子どもの心の中に親和動機が生まれるのです。親和動機というのは人が自分をどう評価するかをいつも気にしながらその人の期待にこたえようとする動機です。

今から一五年から二〇年前、教育者の中でこういう言葉がはやりました。早期教育がものすごい勢いではやり始めたころです。「上目遣いの子が増えたね」という言葉です。子どもたちが先生や大人たちの様子を上目遣いに見て、「今自分がやっていることは認められているかな」と様子を伺っています。そうやって上目遣いに大人の表情を見て、周囲の大人たちの期待を読み取りながらそれに合わせて行動していってしまいます。

その動機に合わせて行動し続けていくと、何かが失われていきます。自分が何をしたいかがわからなくなってしまうのです。

自分が何をしたいかという気持ちをつき出しながら動く子どもたちを達成動機、ものを達成する、達成動機を持った子どもたちといいます。

この達成動機が崩れていっています。人から期待されるものに合わせて行動していくこと、こういう子どもたちをかっこつきで「よい子」と呼んできました。

要するに「よい子」が育つんです。親の言うことを聞く「よい子」。この「よい子」たちの苦しみが今青年期になってたくさんの問題を生んでいるのです。

「自分がわからない。何をしたいのか見えない」親和動機があまりにも大きくなってしまって、達成動機を育てることができなかった子どもたちの苦しみ。「何をしたいかわからない。どう生きたらいいかわからない」という子どもたちの苦しみがそういった中で育ってきてしまいました。

こうして序列化させられることによって遊びが失われ、子ども同士の関係が変質するだけではなくて、親子関係も変質することによって、子どもの中に育つ心が変わってきてしまいます。点数では見えないところ、活動を引き出す興味や好奇心そして達成感こそが子どもの育ちにとって大事なのです。

そのことをわたしたちは最新の研究も参考にしながら見ていくことによって、育ちの順番ということの大切さを改めて学習しておく必要があると思います。

――早期教育は本当に子どもの力を伸ばすのか

さて、それからもうひとつこの『子どもが育つ条件』という本に大切な研究結果が紹介されています。

遊びを中心として子どもたちを育てる保育園と、子どもたちに文字や数字を教えることを中心とする幼稚園、この両方で育った子どもたちを比較したとき小学校二年生を過ぎたらいったいどちらが知的に育つのかという研究です。

日本ではこういう研究をしようとしてもプライバシーの問題などでデータのとり方が難しいのですが、これはユネスコがやった国際研究です。

世界的に子どもの育ちが大問題になってきていますから、ユネスコがこういった研究をやった意味は重大です。ユネスコの就学前教育プロジェクト（二〇〇七年）として行われました。

その報告によると、子どもが四歳のときにその子の興味や関心に沿って自発的な活動をする自由遊び中心の保育を受けた子どもと、読み書きや計算能力を高めることを狙いとした保育を受けた子どもと、どちらが小学校二年生（七歳）、あるいはそれ以降で学力が伸びたかということですが、その結果は非常にはっきりしているんです。しっかり遊びこんだ方なのです。

小学校に入ったときは文字や数字を勉強してきた子はできるように見えます。先に知っているんですから当然です。一方は習ってないから知らないだけです。習えばこんなことはすぐわかるんです。

だけどしっかり遊びこんだ子どもたちは、興味や好奇心で自分がやりたいことに向って夢中になって遊べる力を持っていますから、大体一年生の終わりごろに逆転していきます。

そしてそのまま、自分の力で伸びていくわけですから、二年生が終わるころになると自由遊びの中で育ってきた子どもたちのほうが実は伸びていくということです。それがユネスコの研究として報告されていると手短ですけど紹介されています。

このようにわたしたち研究者が、子育ての不安や迷いを持っている親たちに子どもの育ちについてお話するときに大切にしているのは、保育研究を通して証明されていることです。たとえば、三歳児神話という言葉がありますが、共同体が崩壊し、核家族化が進んだ今日は決して正しいものの考え方でないというのもその一つです。

「でも、早期教育につい心が動いてしまった。だってみんながしているから」と思ってしまうこともあると思います。

そんな時、本当に子どもにとって大切なことは何なのか、どの時期にどういう力が育つ体験が大事なのかということをしっかり学んでいくこと、それが情報の洪水に飲み込まれずに迷いを乗り越えていくときにとても大事なのだということを知っていただきたいと思います。

――五感の中で最も大事な触覚

　さてそこで、発達の順番を、簡潔に学んでいただきたいと思います。

発達の順番の中でまず何よりも大事なのは、子どもたちの五感の育ちです。

五感の育ち。触覚・味覚・嗅覚・聴覚・視覚という五感が子どもたちの中でまず最初に育つ器官です。

　ものを見たり聞いたりということがありますが、この五感の育ちを考えていくときに、何よりも大事なのは物に触れる身体全体の触覚です。

　子どもの発達における触覚の重要性に関する研究が最近は手近に見ることができます。『子供の脳は「肌」にある』（光文社新書、山口創著）というタイトルの研究に基づいてお話しします。

　五感の中でなぜ触覚が大事なのかというと、すべての感覚器官の母なる器官だからです。この触覚の育ちによって、実はほかの感覚器官も育っているという。それが「子どもの脳の育ちは肌にある」ということなのです。そこを私たちは知る必要があります。

考えてみれば、何億年も前にさかのぼっていけば、昔はアメーバーのような単細胞生物から生物は進化したわけです。どんな下等生物でも、もちろん目もないし耳もない生き物でも触覚だけはあります。その触覚から進化していって、それが味覚に、そして危ないものをこれは危険かなとにおいをかぐ、あの嗅覚へと分化していったのです。

触覚から味覚、味覚から嗅覚、嗅覚から聴覚、聴覚から視覚という風に、感覚器官はどんどん高度なものへと進化してきたわけですね。そのすべての母なる器官が触覚なのです。この触覚はちょうど人間の五本の指に例えて考えてみることができます。

人間の五本の指には、一本だけ特別な指があります。それが親指です。親指だけはすべての指と挨拶することのできるただ一つの指です。ちょうどこれが五感の中の触覚に当たるのです。

ここから分化して味覚が、ここから分化して嗅覚が、そして聴覚、視覚へと進化して私たちは五感というすごい感覚を持って生きることができるようになっているわけです。

この触覚の部分が、生まれて間もない子ども、そして幼児期にはしっかりと育つことが大事なのです。

何度か講演に行っている福山のたんぽぽ保育園では子どもたちの泥遊び水遊びを大切に

しています。子どもたちはいっぱい汚して、家にたくさんの洗濯物を持って帰ってきます。親にとってはたいへんですが、洗濯物が増えたら本当は喜んでほしいのです。こんなにいっぱい子どもが遊んで、体中で水を感じ草花を感じ、いろんなものを感じたから汚れるわけで、それだけ体全体で触覚を使っているのです。

その触覚を使っているということは実は他の五感を全部育てる、脳そのものを育てているということにつながります。これが人間としての五感の育ちの大切さで、幼児期はまさにその育ちが大切な時期だということを知っていただきたいのです。

――子どもの育ちは「大きな木」

さて、ここでもうひとつ別の目から子どもの育ちを見ておきたいと思います。五感の育ちから始まる子どもたちの育ちというのは、小学校に入るころから育つ子どもたちの育ちとは違うということを知っておいてほしいのです。

何が違うかというと、○歳から六歳ごろまでの子どもの育ちが、一本の大きな木のどの部分の育ちにあたるかをイメージしてもらうとよくわかります。

わたしたちの目には地面の上にある幹と、枝とそして生い茂る葉が見えます。

それが私たちの目に見える木です。

でもこの木の目に見えない地面の下に根っこが張っていることを想像することができるでしょうか。地面に出ているのと同じくらい深く、台風にも倒れないように深く深く根を張っているのです。

実は〇歳から六歳ごろまでに育つのは、この目に見えない根っこの部分なんです。

根っこの部分の育ちの中で大切なのが五感です。小学校に入ってから子どもたちが文字を習い数字を習いなどイメージや記号を使って考え活動して学んでいくのを支える目に見えない土台に当たる部分、根っこの部分を育てるのが幼児期の子どもたちの育ちです。

これが発達の順番を考えていくときにとても大事なのであって、この根っこをしっかりと育て、そこから茎が育ち枝葉が育つ、地面の上に見える部分を主に育てるのが小学校・中学校・高校における教育の仕事なのです。

先ほどお話した早期教育が、なぜ子どもたちにとってあとでさまざまな困難をもたらすかというと、地面の上に出ているこの芽から上を育てることを幼児期にやってしまうからです。これは、育ちの順番をひっくり返してしまう子育てになってしまうのです。

このイメージがものすごく大事なのです。まず根っこを育てる、それが幼児期の子どもたちの育ちの一番大切なイメージ。大地から自分で養分を吸うことができる力。この大地は、子どもたちにとっては、大自然との関係であり、子どもたち同士の関係、親子関係、そして保育士との関係という人間関係です。

さらに子どもたちは、土や砂や水や草や木や、いろんなものとの関係を通したイメージを共有する力も遊びの中で身につけていきます。そうして人間や自然との間に深い深い根っこを張っていき、やがてその子どもたちが学校での教育を通して目に見える地面の上の部分を育てることになるわけです。

ですから、保育士の仕事というのは学校の教師の仕事と本質的に違います。

学校の教師の仕事は芽を伸ばし、それを茎にし、やがて大きな幹にまで育てていく仕事です。だから学校の先生が学校でやっている教育を水で薄めたものを保育所や幼稚園でやることは育ちの法則からズレていることを意味します。保育は水で薄めた教育とは違うからです。子どもたちの根っこを育てる専門性。このプロが保育士なのです。保育の専門性と教育の専門性のちがいは、子どもの育ちの中味の違いによります。

そこにわたしたちは注目して、保育の仕事の大切さ、根っこを育てる仕事のプロとして私たちは保育士の仕事をもっともっと重視していかなければいけないと思うのです。

――乳幼児期は根っこを育てる

このように考えてくると、子どもの育ちの順番をしっかり見きわめ、根っこを育てることの重要性がわかると思います。その根っこを育てる仕事の第一が感覚器官の働きを豊かにするということなのです。これが育っていることの素晴らしさを多くの芸術家が示してくれていますが、全盲のピアニストの辻井伸行さんのように聴覚と結びついた指（触覚）の動きを見ると、感覚器官の発達の限りない奥行きを感じることができます。

こうやって子どもたちの五感が育っていく、その基本が幼児期にあります。この時期に子どもたちの育ちを紙の上の文字や数字に限定してしまったら、子どもたちの五感が磨かれることはありません。

『赤ちゃんと脳科学』（集英社新書、小西行郎著）という本に赤ちゃんの脳の発達についてくわしく書いてあります。今まで子どもの脳の研究はあまり進めてこられなかったのですが、コンピュータの発達により電極のついた帽子をかぶせて、子どもが何かをしているとき、どの脳が働いているのかということを調べられるようになっているのです。

こうして「赤ちゃんと脳科学」の研究が大変進んできたのです。その中でなぜ赤ちゃんにとって、五感の発達の中で触覚が大事なのかがもっと詳しくわかってきました。

赤ちゃんは私たち大人とは違った情報処理をしているそうです。大人の場合は視覚は視覚、聴覚は聴覚それぞれ独立しています。ところが幼児の場合は物に触れながらほかの感覚器官が一緒に働いていることがちゃんとコンピュータでわかるのです。

物に触れているときにもまるで目で見ているような、視覚の分野（視覚野）まで働いているのです。物に触れているのに聴覚も働いている。これを専門用語で共感覚といいます。

共感覚とは、それぞれの感覚が分かれているのではなく互いに連動していること、特に触覚を刺激されると、ほかの感覚にもそれが伝わる。それが赤ちゃんや幼児期に顕著な特徴だということも最近の脳科学の研究でわかってきているのです。

子どもたちにとって全身を使った遊び、特に物にいろいろ触れ、五感を活発に働かせながら行う遊びが大事なのです。幼児の育ちはまさに根っこが育つ時期なのだということの意味はこうして次第に明らかになっていますし、さまざまな早期教育の情報や誘惑に惑わされることなく、しっかり遊び、泥まみれになって遊ぶ、そのことがいかにその後の発達に大切な力になってくるかがわかります。太い根っこを張るように育てる、そんなイメージで子どもたちを見ながら、ぜひ遊びの中での育ち合いを励ましていただきたいと思うのです。

――子どもたちはなぜ切れるのか

幼児期の育ちは「切れる子ども」という問題にも深くかかわっています。この『赤ちゃんと脳科学』という本の中に、このような研究が紹介されています。

アメリカで二十世紀のはじめに非行の研究がありました。大変大きな問題を起こす子どもたちの研究でした。

子どもたちのスキンシップ体験―肌での触れ合い体験の有無と切れるということがどういう関係にあるかという研究がそのころから進んできたのです。

一九七一年アメリカの心理学者クレスホットは多くの非行少年の調査から、体への接触やふれあいの不足は抑うつや自閉的な傾向や、多動、暴力、攻撃、性的逸脱などの感情の障害の原因になるという関係を明らかにしました。つまり幼児期に五感への正常な刺激が不足すると、成人後も感覚への刺激を求めて行動する傾向が強くなるというのです。

たとえば、子どものころに、皮膚への刺激が不足していると、皮膚の感覚飢餓状態に陥り、大人になってからはそれを過剰に求めて、無意識のうちに皮膚感覚を刺激する行動に走らせてしまうことがあるそうです。体のさまざまな部位へ幾つものピアスや刺青、果てはリストカットにいたるまで、自分の体に傷をつけて感覚を呼び覚ます行為をすることが多いというのです。

「切れる」ということが感情をコントロールする脳の機能の弱さの現われだとすると、乳幼児期からその脳の部分を刺激するスキンシップの不足が、切れやすい脳を育てると考えることができるというのです。

こういう子どもたちの切れる行動などを見ると私たちはその不可解さに驚きますが、一般的にはそれを「しつけ」の不足や心の教育の不足、あるいは、命の大切さが教えられていないからだと言って、教育の問題に矮小化してしまうことが少なくありません。心の教育も大事、命の教育も大事、だけど若者が「切れる」という行為の根っこにはどんな育ちの問題があるのかということを本格的に調べて、子どもたちが、そんな状態に陥らずに、それを乗り越えて育っていくためには、どんな幼児期の生活が必要なのかということを真剣に研究する必要があります。実は私たちは、さまざまな少年事件を知っていますが、その事件から大事な教訓を学ぶことができないままで終わっているのも、教育問題に矮小化して終わってきた今までの傾向の現われなのだと思います。

最近の研究によって、幼児期の子どもたちが人や物に触れ、豊かな触覚経験をすることを通して五感を育てることが非常に大事なことだということがわかってきました。幼児期というのはもう二度と戻ってこない大事な時期です。

この時期に五感をしっかりと育てる。それが発達の順番を大切にした子育てをしていくことであり、子どもたちの中にしっかりとした心、安定した感情を育てることであることをぜひこういう研究の成果からも学んでいただきたいと思います。

――子育ての見方を変えていく

しかし今まで「良かれ」と思って子どもにいろんなことを習わせてしまった、という親が沢山いると思います。今日の社会でそれは当然のことだと思います。子どものことを思うがゆえに親は間違いをするものです。ですから間違うことを恥ずかしがることはまったく必要ありません。子どものことを思うからこそ間違えるというのが親なのです。

でもわたしがとても大事だと思うのは、その間違いを批判することではなく、子どものことを思うがゆえに、過ちを乗り越えるのもまた親だということです。

こうやって学んで本当に納得できたとき、自分自身がもう一度学びなおすことによって、親は子どもとの関係を変え、子育ての見方を変えてきます。すると、子どもはそこから育ちなおすのです。

これが子育てのすばらしいところです。

そのときに自分の面子や立場を最優先させて、「そうは言うけど、私はやり始めたんだからとことんやりぬく」という方もいますが、冷静に考えてみると、それは親である自分は大事にしているけれど、本当に子どもを大事にしているのかということに問題は戻っていくわけです。

2 「できる子」と「できない子」がいるのではなく、早くできる子とゆっくりできる子がいる

――「何のために勉強するのかわからない」

「オレなんか勉強する価値があるのかな」「わたしなんか、勉強してやっていけるんだろうか」と思う子どもたちがいます。

わたしは、学長を勤める大阪千代田短期大学の一年生に講義をさせてもらっています。

わたし自身がとっても楽しみにしている講義です。

今までどちらかというと、「学び」の場をもてずに、競争、競争といわれ勉強してきて、大学までたどり着いた学生がほとんどです。そんな中で、この学生たちに、競争ではない、

もうひとつの新しい学びがあることをぜひ知ってもらいたいと思って、いつも語りかけています。新しいモノの見方や自分自身の捉え方を見つけるための教育学があることを、研究者として学生たちに語りかけるのです。たとえば学生たちにこう尋ねます。

「きみたち、友だちいっぱいいると思うけど、できる子とできない子がいると思ってない?もし、できる子とできない子がいると思っているとしたら、ちょっとわたしの話を聞いて欲しい。実は、できる子とできない子がいるというのは思わされていること。それが皆さんの大半だと思うんだけど、教育学では、できる子とできない子がいるとは考えていないんだよ。教育学では、『みんなができるようになる』と考えているんだよ。それを、あたかもできる子とできない子というふうに人間を見てしまうのは、競争の教育の隠れたカリキュラム、隠れた教育力なんだよ」と学生たちに話すわけです。

そうすると、学生たちはすごく緊張して聞きます。自分はひょっとしてできると思って天狗になっているかもしれないし、自分はひょっとしたらできないと思って沈んでいるかもしれない。でも、どちらも、できるとかできないとかという言葉で考えてきた自分がいる。「え、違うの、広木は何を言っているのだろう」と真剣になって見てくれます。そういう彼らにさらにこう言います。

「誰もができる、みんなができるようになるとは、どういうことかというと、人間には、早くできる子と、そしてゆっくりできる子がいるんだということ。早くできるのも素敵なこと。でも、ゆっくり時間をかければちゃんとできるようになるのも大切なこと。人間には、実はできるようになるまでにいろんなペースの人がいるということなんだよ」と学生たちに話すのです。

実は今の日本の学校は内容の分量の多い高速度の勉強をさせているのです。この高速度の教育をしているので、早くできるタイプの子が「できる子」に見えてしまうのです。小学校から中学校ぐらいまでの間に「ぼくは数学はだめみたい」という数学嫌いや「ぼくは理科がだめみたい」という理科嫌いがうまれてしまいます。それは実はゆっくり学んでいってわかる子が実は自分はだめだというふうに思いこまされているのです。なぜ教育学がそういうことを言うか、次にそのお話をします。

――算数が「1」だったアインシュタイン

いくつもの例がありますが、そのうちのひとつとして、例えば、学生たちにアインシュタインの話をしてみました。

アインシュタインは、小学校のときに、算数ができなくて、算数の通知表は日本流に表現すれば「1」だったと言われています。相対性理論などというそれまでのニュートン力学を超えて、大変高度な数学を駆使して物理学を発展させたアインシュタインが、小学校の時、算数の成績が1だったというのです。

でもお母さんは、この子を学校に合わせようと考えたのではなくて、この子に合う学校を探そうと考えたのです。それで、彼に合う学校を探し出して、学校を転校しました。そこで、彼は自分を取り戻すのです。

小学一年生に先生が、「1＋1はいくつですか?」とやさしく質問する場面を考えて下さい。すると、ちょっと早めに勉強してた子は「はいはい」といって元気に手を挙げて、「1たす1は2です」と答えるでしょう。先生は「はい、よくできましたね。そうですよ、はい○」と言うに違いありません。

でもたとえばアインシュタインの場合はそれが「なぜ1たす1は2になるんだろう。本当に2になるのかな」って考えてしまうのです。すなわち、ゆっくりできていく子なんです。この疑問が大事なのですが、その疑問を口に出さずに、なぜ1たす1は2になるのかなということにこだわって考えていると、時間がかかります。こうして算数がわからなくなるのです。これがゆっくりいく子の一つの姿です。

アインシュタインの例をもう少し考えてみましょう。こんな例があります。例えば、水1ccと水1ccをたすと、2ccになる。1たす1は2なんだね。これはアインシュタインもわかるわけです。それはそうだ。だけど、水1ccに、砂糖を1cc加えると2ccにならない。なぜだろう。こう考えてしまうとわからなくなる。これは溶けるという別の現象が入ってくる。この場合1ccたす1ccが2ccにならない。だから、なんで1＋1は2っていえるのかなあと考える。

正解は「1＋1は2になる場合がある」ということなのです。

実はゆっくりわかる子の中には、そういういろいろなことにこだわりを持ってしまう子がおり、そこで立ち止まってしまうのです。そして、「1たす1は2がわからないのはダメ」と言われると、「ああ、僕は算数がダメなんだ」と思って、苦手意識から算数ができなくなる。小学校一年生から九歳までの「つのつく時代」に――歳を数えるとき、「ひとつ、ふたつ」と数えます。ひらかなの「つ」のつく時代は九つあります――苦手意識がつくられると、そこから先に行くのがなかなか難しくなります。余程よい教師との出会いがあって、そして「僕もできるんだ」と思えれば、また育ちなおしができますが、この「つ」のつく時代、すなわち幼児期のしっぽをまだひきずっているこの時代に、苦手意識が育つと、それを克服するのはかなりの努力が必要になります。だからできるだけ教える内容はしぼりながら、子どもたちが「ぼくは算数ができる」「ぼくは理科が大好きなんだ」「ぼくは社会科が得意なんだ」と子どもたちに思わせるような教育をすることがとても重要な教育の課題なのです。

――ゆっくり学ぶフィンランドの教育

だから今の日本のように、この「つ」のつく時代に、高速度教育を入れてしまうと、ゆっくりとわかっていくことがなかなかできず、苦手意識を持たされた子どもがたくさん育ってしまうのです。

皆さんは、ＰＩＳＡ、国際学力テストの結果で、日本の成績が落ちたとかいろいろ言われていることを知っていると思います。ＰＩＳＡの学力テストでフィンランドがここ数年ずっとトップだということもご存知でしょう。このフィンランドの教育はＰＩＳＡのテストにぴったり合うような教育をしているのではと言う学生もいますが、しかし実は、よく考えさせる教育をしているからだと言われています。フィンランドでは、四年生までの教育がとてもゆっくりなのです。

わたしの友人にフィンランドに留学した人がいました。珍しいところでもあるし、家族みんなでフィンランドに行って、彼は研究をし、そしてお子さんはその地域の学校に入りました。フィンランド語は日本ではなかなか学べないので、ちゃんとひとりの通訳をつけてもらったそうです。ひとクラスは二〇人以下で、そこには主担任と副担任が必ず配置されていました。そして小学校から大学まで全て無償で教育が受けられるというのがフィンランドなのです。

この息子さんは小学四年生ですが、日本にいるときは「算数は苦手」と言っていたそうです。

それがフィンランドの小学校に行くようになってから、息子さんが言ったのは、まず「お父さん、ぼく、給食が大好き」だったそうです。ところがその次に、「お父さん、ぼく算数が好きみたい」と言いだしたそうです。

いったい何があったのか。彼は教育学者ですから、日本の教科書と比べて、フィンランドの教科書を調べてみました。そして理由がわかりました。小学四年生の教科書の内容を日本の教科書と比べると小学校二、三年生の内容だったそうです。小学校一年生から四年生の間は、ゆっくりとひとつひとつ、子どもたちが考えつく疑問に答える教育をしていきます。水が砂糖に溶けると2ccにならない。これはなんだろうと子どもたちが疑問をもつと、「そうだねえ、それは溶けるということなんだね。溶けるというのはね」と対話をしながら進めるゆとりがあるのでしょう。そして、同じ単位、同じ水ならば2ccになるんだよ。そんなふうに子どもたちに教えていくと、高速教育ではなく、ゆっくり教育になっていくんです。そうすると、ほとんどの子どもたちに、「ぼくは算数ができる。ぼくは得意だ」という意識が育っていきます。この意識が育つということがとても大切なのです。心理学的には九歳の壁という知的発達の大きな節がありますが、この壁を「得意だ」という心で突破すると、そのあとの勉強が難しくなっても、それについていくことができるのです。

こうして中学生に対する国際的な試験をやったときに、フィンランドの子どもたちはよく考える力が育っていますから、いつも国際的にトップになります。これだけたくさんの時間をかけて、塾にも行って、勉強をしている日本の子どもたちは、もちろん早く理解できるタイプの子どもはできるでしょう。でも、ゆっくり理解するタイプの子どもはできないわけですから、学力の分布がふたこぶラクダになっていくのです。

こういう日本の教育の構造をわれわれ教育学を研究している者は、変えていこうとしています。それが日本のためであり、子どものため家族のためでもあるからです。教育学的には、そういうことがとても大事なのだということは、文部科学省にももちろん伝わっています。

しかし、なかなか改まりません。すでに産業界や教育産業とのガッチリしたパートナーが組まれていますので、原発問題で、原子力産業と通産省ががっちり手を組んでいるように、教育の世界の流れもそう簡単には変わらないのです。

3 オール1でも進級できる日本

――「履修主義」と「習得主義」

今の日本には、学校に行って楽しいと思えない子どもたちが非常にたくさんいます。成績が気になる、勉強がうまくできない、それを自己責任だと考える子どもたちに、それだけではないのだよと言えるものをわたしたちが、持っているのか今問われていると思います。

少し妙な言い方をしましたが、それは例えば、小学校五年生から六年生にあがるときに通知表がオール1でも六年生になれる国。これは子どもにとっては非常に残酷な一面を持つ制度でもあるということです。

ほとんど授業が理解できていなくても次の学年に送り出すのです。これはどういうことなのでしょうか。これは日本の教育システムが「履修主義」という仕組みによってなりたっているからです。

すなわちこの教科書を使って一年間学べば履修したことになるわけです。わかっているかわかっていないかは関係ないのです。

なぜこの仕組みが便利かというと、履修させることができれば次の学年に送り出せるわけですから、クラスが四〇人学級であろうが六〇人学級であろうが七〇人学級であろうが一切かまわないのです。

「できないのはお前が勉強しないからだ」という教育条件を問わない教育システムそのものが、まさに自己責任論を生む仕組みになっているわけです。

しかしフィンランドもそうですし、最近は相当知られるようになりましたが、フランスだってドイツだって、ほとんどのＯＥＣＤの国は「履修主義」を取っていません。「習得主義」の仕組みをとっています。

それらの国では小学校一年生に入ったら、その一年生の科目を少なくとも六〇パーセント位まで理解させることが学校の責務なのです。

そこまで理解させた上で、小学校一年生の学力がほぼついたとみなされる子どもたちが進級していくわけです。だからそのためには四〇人学級ではだめなのです。そのためにはどうしても二〇人以下の学級が必要です。

だからご存知のように、ヨーロッパの場合は多くても三〇人以下、大体が二〇人学級です。その二〇人学級にクラス担任が二人つきます。

一人の教師が教えるときにもう一人の教師が必ず理解の遅い子どものそばに寄り添いながらその子をサポートすることを通して、子どもたちはほぼみな六〇％をクリアして次の学年に進むわけです。

小学校卒業のときに送られる卒業証書は小学校の学力がある証明書なのです。中学校の修了書は中学校の学力がある証明書なんです。

しかし、日本はそうではありません。六年間学校にいた証明書なのです。学力があろうがなかろうが。すなわち学力を子どもたちに保証することが学校の責任になっていないのです。

勉強がわからない、何とかしてほしいという子どもたちの願いは、まさに教育そのもののの責任です。その問題を問うことが、日本では、すぐ子どもの努力不足と教師の責任になってしまいます。自己責任論にまた戻ってしまうのですが、教師がほとんど全ての子どもにわからせることができる仕組みは、「履修主義」を前提とした四〇人学級ではできないのです。少なくとも二〇人学級、そこに担任が二人張り付いて、少しゆっくり目の子どもたちにもじっくり教えることができる仕組みができなければ、実は習得主義のカリキュラムは実行することができません。

――わからないことは「自己責任」ではない

自分がわからないことは自分の責任、僕の勉強不足だと考えざるを得ない、そういうことでしか自分を納得させることができない仕組みが日本の場合できているわけです。だから一所懸命教授法を学んできた先生たちの中にすら、成績の上がらない子どもたちを見てお前もっと頑張れよと、結局子どものせいにしてしまうことがあるのです。子どもに何としても力をつけるための仕組みがない。子どもたちは、ある意味ではそのことの犠牲者であるという見方が日本の中では常識になっていないのです。

なぜヨーロッパには塾がないのかと考えてみたことはありませんか。

日本では、全部自己責任になりますから、子どもがオール1でも卒業させられてしまう仕組みの下で、自分の子どもに学力をつけるためには、自分で金を払って塾に行かせて学力をつけるしかないのです。

進学するために塾に行かせるという意図もありますが、やはり落ちこぼされないために振り落とされないために子どもを塾にやらなければならない現実があります。こうして塾産業、教育産業が大きな力を持ち産業界の一角を担ってしまっているわけです。

本来子どもたちにとって、学校は力をつけてもらう場所なんです。わからないままで卒業させてもよい場所じゃないのです。

この大前提が日本では小学校から確立されていないために、高校までくると大変な学力差になってしまいます。入ってくる子どもたちがみんな六割以上理解して入ってくる、例えばフランスの高校、そこではそれをちゃんと前提にして授業ができるわけです。それが子どもの権利を保障する教育の仕組みなのです。

高校を卒業したときに、それだけの学力があることがちゃんと証明されていればその学力を持って社会に出て仕事をすることも堂々とできるわけです。

しかし日本の場合は、子どもの学力が低いと言えば、問われるのは子どもの努力と教師の指導力ばかりです。教育の仕組みを問うことはあまりありません。だから子どもの意欲を引き出す、そういう教育を支える仕組みになっていないために、この格差貧困の中でますます残酷な制度として機能しています。子どもたちの中には、本当に自分のことを責める子どもたちが多いのです。

わたしが以前勤めていた私立の大学では、「僕の努力が足りないばっかりに、親に高いお金を払わせている」と、自分を責めている子が多くいました。子どもにそういう気持ちを持たせる国ってどういう国なんだろうと思います。

ヨーロッパの場合は大学はほとんどが国立で全部無償なのです。そして高校を出るということは学力があるということなのです。

高校卒業して、フランスであればバカローレアの試験を受けてそれをクリアすればどこの大学を選ぶかは子どもらの選択になります。別にそれをそのまま日本にもってこいとは言わないけれど、すべてが全部自己責任というところでけりをつけさせられてしまっている日本の教育の仕組みが、子どもたちにとってどれほどつらいものであるか、わたしたちはよく考えていく必要があると思います。

4 「学習すること」と「学ぶこと」の違い

――わたしの「学び」の経験

「学ぶこと」について、わたし自身の経験から考えてみます。わたしは小学校のころからものの理解が遅く、しかも運動神経が鈍かったので、学校生活では緊張することがとても多く、吃音もありました。

そういう状況だったので、小学校のころは授業を怖く感じることがありました。国語の時間に先生が順番にあてて読ませていきますが、その瞬間が迫ってくると、もうドキドキして心臓が飛び出るくらい緊張してしまう子でした。

だから学習内容の理解どころではなく、自分が、いつ先生にあてられるか、次にあてられたらどうしよう、そんなことばかり気になって集中できず、勉強は思うようにできませんでした。

一方、家庭は貧しかったので、小学校五年生から新聞配達のアルバイトをして家計の足しにするほどでしたから、中学生のころは、「早く就職して、働いている母を楽にさせたい」それだけを思っていました。

けれども、わたしのそんな思いを理解してくれた担任の先生が、吃音のわたしをこのまま社会に送り出したら、この子はすぐに挫折するかもしれないと、そう思ってくれたようです。中学三年生の一二月にわたしは先生から呼ばれてこう言われたのです。

「おまえ、やっぱり高校に行って、もうちょっと力をつけてから社会に出たほうがいいんじゃないか」

そして、先生は母を説得してくれ、奨学金の受給手続きまでしてくれました。

こうしてわたしは、工業高校へ行くことができたのでした。ありがたいことに工業高校では、受験競争に神経をすり減らされることなく、マイペースで遊び、勉強することができました。

なによりも大きかったのは、大切な友だちを得ることができ、定期試験の前になると、その友だちと一緒にみんなで学びあったことです。

そして、どちらかというと晩生《おくて》のわたしは、高校二年になったときに、自分なりに「この吃音を何とか超えられないかな」と思いました。「吃音のままだと、恋を告白できない」と考えたわけです。

青年期というのはこんなレベルのことで必死になることができます。もう少しスラスラ話せる自分になりたい。単純な動機ですが、それによって自分から学ぶようになったわけです。

吃音矯正の本を三冊買ってきて読みました。そして自分で秘かに発声法から呼吸法そしてイントネーションまですべてを夢中になって訓練しました。

その結果、気がつくと高校三年の中ごろには吃音はほとんどなくなっていました。わたしがそのときモデルにしたのは、ＮＨＫラジオのニュースのアナウンサーでした。一年間の猛特訓で吃音を克服して、それから自分の考えを無理なくコントロールして表現できるようになりました。

高校を卒業してからは大手のカメラメーカーに就職し、先輩たちにかわいがられました。

そこで、技術者である大学や大学院卒の先輩の話を聞き、わたしももうちょっと勉強がしたい、大学を出て技術者になりたい、と思ったのが、二〇歳のときでした。

そして二年つとめた会社を辞めさせていただいて、それから高校時代の親友と一緒に勉強を始めました。大学入試の勉強なんて工業高校だからまったくやっていなかったので、生まれて初めて夜寝る時間が惜しいほど勉強しました。

そして、二〇歳を過ぎて大学の理学部に入りました。工業高校だったからそのほうが入りやすかったわけです。大学の教養課程には、わたしが高校まで聞いたことのなかった文化人類学、社会学、教育学、心理学といった科目がありました。わたしは裾野の広い技術者になるため教養を身につけたいと思いこういった科目を受講しました。たまたまその中に、教育学があったのです。教育学の講義を聴いて本当に感動しました。人間が人間をここまで理解できるのかと思いました。そしてこれまで、悩んだり、自分自身を友達と比較して悔しがったりしていた自分が、いったいどういう人間だったのかが、教育学を勉強する中で少しずつ見えてきたような気がしました。それで、技術者になりたくて理学部に入ったわたしなのですが、人文学部に変わったのです。それからがまた大変でした。勉強するけれど、わからない。わからないから勉強するしかないということで大学院まで進み、気がついたら大学の教師になっていた。こんなふうに、ゆっくりと寄り道をしながら歩んできた人生なのです。

今、困難にぶちあたっている子どもたちの中には「自分の努力が足りなかったから」と、けなげにも自分で責めを負おうとしている子が少なくありません。

わたし自身が、このように育ってきたので、そんな子どもたち、若者たちには、こんなにふうに語りかけています。

「人間の中には、〝できる子〟と〝できない子〟がいるのではない。〝早くできる子〟と〝ゆっくりすればできる、時間をかければできる子〟の二通りがいるんだ。だから、自分が頑張っても物事の理解がすばやくできないときに、『自分はダメだ』と思う必要はない。すばやく理解することは得意ではないけれど時間をかけて考えながらやればできるとか、スポーツならばすぐにできるけど、勉強の方はちょっとゆっくりだというように考えることが大事だよ」と。

これは、専門書に書かれた一般論とは違うのではと思われるかもしれませんが、そういう実例はたくさんありますし、なにより、わたし自身がゆっくり物事を理解するタイプだからよくわかるのです。

――自己実現に繋がる「学び」

自分がこんな仕事をしたいとか、こんな人間になりたいと思うときの勉強は、第三章で述べるような、良い成績をとらないと親に受け入れられないと感じて脅迫的にとり組む勉強、つまり見捨てられ不安による勉強とはまったく違います。それは自己実現に繋がる学びになるはずだからです。周囲の期待に応えることも素晴らしい、しかし、何よりも素晴らしいのは、自分の夢を実現することだと思います。この違いをもう少し詳しく見てみたいと思います。

東京大学の佐伯胖先生の『学ぶということの意味』（岩波書店）という本に、「学ぶ」ことと「学習」することとは違うのだと書いてあります。自分が夢を持ってそのために勉強することを、専門用語では学びといい、それに対して学習というのは、自分の意思とは関係なく刺激に反応して、活動し行動が変容することです。だから、猿や鼠や昆虫は学習しますが、けっして学びません。学ぶのは人間だけの行為です。こうした専門用語に引きっけてみると、見捨てられ不安に追い立てられてやりたいことを抑圧し、自分の夢を探すことさえ忘れてただひたすら成績を、順位を上げるためにやってきた勉強は、いわば学習的な勉強だということです。わたしが、子どもたちの勉強に願うのは、それが学びであってほしいということです。その学びが身についたとき、わたしたちは相当のエネルギーを出して勉強することができます。

一つの例を出しましょう。わたしが前に勤めていた大学にB君という学生がいました。B君は数学が大好きな子でしたが、国立大学を一所懸命受けても受からず、いろいろ失敗してわたしがいた私立大学に入ってきました。大学に来た一年のとき彼は、本当に元気がなく劣等感のかたまりでした。我々日本人はその人間が何を目指して生きているかではなく、どの入れ物に入っているかで、その人の値打ちを計ろうとする傾向があると思います。彼は自分が入りたかった入れ物（有名大学）に入れなかった。そして、まったく考えてもいなかった大学に入ってしまった。彼はわたしのところに来て、「どうせこの大学を出ても、良い就職なんかできないんじゃないですか」と、胸が痛くなるような言葉で自虐的に、自分をあざ笑うかのように言っていました。

その彼に何回か会って「何か好きなことを考えて、それから始めてみたら？・」と言い続けました。研究室にきてくれるうちにようやく彼は「先生、恥ずかしいけど、僕が好きなのは折り紙なんです」と言ったのです。わたしは恥ずかしいと言いながら、正直に話してくれた彼に感動しました。そこで、彼が二年生の大学祭のときに一部屋をとって、彼の折り紙をそこに展示しました。地域の子どもたちがいっぱいきて、彼に折り紙を教えてもらいました。また密かに数学の先生と相談をすると、折り紙の数学を研究しているN先生がいることがわかったので、その先生に大学に来てもらい彼に受講するように勧めました。彼は、自分の折り紙が数学で解析できるということを知って驚きました。折り紙が大好きで、いろいろ折れるのは好きだけれど、それが学問に繋がっているなどということは考えてもみなかったのです。

それから、彼の目の色が変わりました。折り紙で数学を教える先生になりたいと考えるようになったのです。折り紙の数学を猛烈に勉強しました。すなわち、彼の「学び」が始まったのです。彼は四年生の夏に関東地方にある県の高校の教員試験に一発で合格しました。でも、卒業が間近に迫った頃にわたしにこう言ったのです。「合格したのは嬉しいけれど、僕はまだ未熟者だから、先生になるのはもう少し延ばして、N教授のところに行って勉強したい」と。そこで、わたしは早速英語の先生に相談をして、彼に英語の特訓をしてもらいました。そうしてある国立大学の大学院に合格して、さらに勉強を続けることになりました。彼は、「自分が本当に数学の解析という学問をマスターすれば、数学が大嫌いな人を、折り紙を使って数学が大好きな人に変えることができる。それができる魔法使いのような数学の教師になりたい」と言っていました。

——意欲によってIQは変動する

この例が示しているのは「学び」を手に入れた人の素晴らしい成長ぶりですが、それを学問的に言うと、目的を持った学びの中では人間の知能が伸びるということです。

人間の知能指数（ＩＱ）というのは一度測定したらもう変わらない、と考えている人が多いのですがそれは違います。知能は変わらないものではないということは、かなり前に明らかになったことですが、それを知らない人が多いのです。ＩＱも意欲によって変動することがわかっています。心理学の世界では有名な波多野誼余夫さんたちが書いた『知力の発達』（岩波新書）という本の中に、ＩＱがどんどん変わる実例が出てきます。それを世界で最初に発見したのは、アメリカのスキールズという心理学者です。

ＩＱの普通は一〇〇と表現されますが、最初測定した時にＩＱが四六という相当知能が低い幼児がいました。その子どもをある環境で育てたところ、六ヶ月で七七になりました。そしてまた同様の環境で二七ヶ月育て続けると、その子のＩＱはさらに九五になったのです。すなわち、育ちやすい環境で育てると知能が変わるということを発見したのです。スキールズが最初にこれを発表した一九四一年の国際心理学会では、「それは実験の仕方が悪いからだ、一度測定されたＩＱは動かない。環境を変えても知能は上昇するはずがない」と猛反発を受けたそうです。彼はさらに実験を続けました。こうして、世界では一九五〇年代、今から半世紀と少し前に、知能指数は人間が意欲的になった時に上昇するということが認められるようになったのです。

しかし、学問としてそれがわかったとしても、世の中がそれを受け入れるということは簡単ではありません。その後スキールズは一九七〇年代にケネディ賞を受賞していますが、それもあまり知られていません。だから例えば、子どもの知能指数が今一〇〇程度だったとして、いまからもし目当てを持って、その目当てのために学ぶという行為を獲得すれば、知能が上昇する可能性があるということですし、目当てを失って学びを止めたときに、その知能は下降することもあると知ることが必要なのです。このような事実を知ると、今一所懸命勉強して更に成績をアップさせようと思うとき、一番に問われるのは意欲だということがわかります。

そして意欲は目当てを持つことからでてくるものです。このスキールズたちの研究と、学びと学習の違いを研究した東大の佐伯先生の研究とを結びあわせると、なぜ折り紙好きの青年が、夢中に勉強するようになり、英語大嫌いな彼が英語の力もつけて大学院に入ることができたのかがわかります。A君のお母さんが「わが子に何が起きたのですか？」と心配になって手紙をくれたほどです。

わたしは今お話しした心理学の理論のことを、一人ひとりの若者たちに伝えたいと思っています。劣等感に苦しみ、見捨てられ不安に苦しみ、または人間不信や孤立感に苦しむ人が、勇気を出してヘルプを求めてくれた時、ゆっくり話を聞きながら、その人の思いと悩みを理解し、その出口を一緒になって考えていく中でこのことを伝えたいのです。そうすると早い人で数か月、若者たちは実に信じられないほど変わっていきます。その変化が最も大きいのが高校生ぐらいの年齢です。わたしが大手のカメラ会社に入社したのは一八歳、そこで技術者になりたいという夢を持ち、会社を辞めてまで一心に学ぶことができたのは、本当に幸せでした。ただ学校という階段を上るために勉強していくのも大事かもしれないけれど、自分が本当にしたい目当てを見つけ、そのために学ぶときこそ人間は伸びるのだということを、ぜひたくさんの子どもたちに知ってほしいと思っています。

第三章

子どもの心を理解するために

―子どもたちのシグナル

1 子どもが「生きる意味」を問うわけ

今日、生きる意味を問う子どもが増えています。追い詰められたようなその表情からは、病的とも思われる精神状態を感じることが少なくありません。次は、子どもたちがそのように問いかける意味について考えてみたいと思います。

――子どもの「抑うつ症状」が示すもの

人間関係のもつれや将来への不安を抱え込まされ、「抑《よく》うつ症状」を呈する子どもたちが増えている……。そんな報道に接したのは二〇〇四年のことでした。北海道大学医学部精神科の先生たちが、二〇〇三年の末から行ったアンケート調査の結果が公表されたのです。『神戸新聞』（二〇〇四年一一月一日付）の報道によると、検討の結果、中学生で約二二・八％（四～五人に一人）、小学生でも約八％（一二～一三人に一人）の子どもに「抑うつ症状」が見られたそうです。

この調査で「抑うつ症状」と判断された回答の内容は、「とても悲しい気がする」「逃げ出したいような気がする」「独りぼっちの気がする」「生きていても仕方がないと思う」などと表現されたもので、「悲哀感が強くなった精神状態」のことと説明されています。その精神状態を放置すると、大人になってから「うつ」を発症したり、対人関係に障害が現れたりする可能性が、とも言われています。

医学の世界では長い間、子どもの「うつ」は稀だと考えられていました。もちろん、「抑うつ症状」は「うつ」そのものではありません。しかし子どもに「うつ」はあまり起こらないと考えられていたこともあって、「抑うつ症状」の子どもがこれほどの割合で存在することを明らかにしたこのデータは、各方面に非常に大きな衝撃を与えました。

この調査を主導した北大の傳田健三先生は、子どもの軽症「うつ」を診断できるようになった最近の精神医学の動向にふれ、ストレスが多い現代社会のあり方と「うつ」の増加の関係に着目して次のように述べています。

「われわれは原始人の身体の仕組みを持ちながら、現代人として生きている。現代社会のさまざまな刺激に対して、われわれの身体は十万年前と変わらない生理的変化を起こす。……例えば、試験の答案を前にして心臓が高鳴り、血圧が上がっても、実際には何の役にも立たない。しかしそれは現実に起こってしまうのである」。（『子どものうつ病――見逃されてきた重大な疾患』金剛出版、二〇〇二年）

これは、精神的なストレスを高める大きな環境の変化が、それに対応する力が弱い子どもに対して、とくに大きな影響を与えることへの警鐘の言葉と言っていいでしょう。

そこで次に、今日の日本社会で子どもたちが感じているストレスの一端を見るために、もう一つのデータを見てみましょう。それは財団法人日本青少年研究所が、〇八年度に日本・アメリカ・中国・韓国四か国の中高生を対象に行った意識調査の結果です。それによると「自分には人並みの能力がない」とか「自分はダメな人間だ」と思う中高生の割合は、日本がズバ抜けて高いことが明らかになっています。

たとえば「自分はダメな人間だと思うか」という質問に対して「とてもそう思う」あるいは「まあそう思う」と答えた生徒の合計は、中学生で五六・〇%、高校生では六五・八%にのぼっています。ちなみに韓国では中学生四一・七%、高校生四五・三%で、アメリ

表1　自分はダメな人間だと思う（%）

	中学生				高校生			
	日本	米国	中国	韓国	日本	米国	中国	韓国
①とてもそう思う	20.8	4.7	3.4	7.9	23.1	7.6	2.6	8.3
②まあそう思う	35.2	9.5	7.7	33.8	42.7	14.0	10.1	37.0
③あまりそう思わない	31.8	16.2	24.3	44.6	25.5	19.7	34.1	43.2
④全くそう思わない	11.5	55.4	63.6	13.4	8.0	55.3	52.7	11.1
無回答	0.7	14.2	1.0	0.3	0.7	3.4	0.5	0.4

出典：財団法人日本青少年研究所「中学生・高校生の生活と意識—日本・アメリカ・中国・韓国の比較」より

カでは中学生一四・二%、高校生二一・六%、そして中国では中学生一一・一%、高校生一二・七%でした。

今日の日本には、自分を肯定できない思春期の子どもたちが非常に多いことがわかります。そういえば最近、「自信を失い、シラけた雰囲気の中高生が多い」という言葉をよく聞くようになりましたが、この数字からもその理由の一端がわかるのではないでしょうか。

またこの調査結果には、「よく疲れていると感じる」と答えた中高生の割合も示されていますが、日本はその割合でも突出しており、中学生で七六・〇%、高校生で八三・三%もの生徒が「疲れを感じる」と答えています。つまり、先程のデータで、日本の中学生には四～五人に一人の割合で「抑うつ症状」を持つ子どもがいることを知りましたが、その背景には中学生の約六割が自信を喪失している状況と、八割弱にものぼる

「疲れる」中学生の存在があることがおわかりいただけると思います。

そこでこの二つのデータの関係を考えるためにあらためて表を見てみると、「自分はダメな人間だと思うか」という問いに対して「とてもそう思う」と答えた中学生が二〇・八％となっています。この数字と中学生の「抑うつ症状」を示す数字二二・八％とを見比べると、両者が非常に近い値になっていることに気づきます。自己否定感をかなり強く持ち、自信を失っている子どもと、悲哀感を強め、「抑うつ症状」を呈する子どもとが、重複している可能性をこの数字が示唆しているように思われます。

――子どもを追い詰める競争の教育制度

「自分はダメな人間だ」と思う子どもや「逃げ出したい」とか、「生きていてもしかたがない」と考える子どもがなぜこんなに多いのか。この疑問が湧いてきたときにわたしが思い出したのは、一九九八年に国連の子どもの権利委員会が日本の政府に示した勧告文の中の一節でした。そこには、「競争の激しい教育制度」によって「余暇、運動及び休息の時間が得られないために」、日本の子どもには「身体的および精神的に悪影響が生じていること」が指摘されており、日本政府に対して「過度のストレスと学校ぎらいを防止しかつそれと闘うために適切な措置を取る」ことが必要だと述べられていました。

国連に集う教育の専門家たちは、過度な競争を強いる日本の教育制度に着目し、それが子どもたちだけでなく親や教師たちをも追い詰め、子どもたちから余暇と遊びを奪うために、子どもたちが厳しい精神的状態に追いこまれていると分析したのです。

しかし歴代の政府は、教育をテストの点数を競う競争の手段とすることで、人間の形成ではなく企業のための人材を養成する教育政策を推進してきました。そのために、子どもたちが生きることを苦痛と感じるほどの競争的環境が学校の内外で強められてきたのです。ところが国連からの勧告を一貫して無視してきた政府は、従来の教育政策を改めようとはせず、学校選択制や全国一斉学力テストの導入など、教育を競争の手段と化す政策を一貫して強化してきました。子どもの「抑うつ症状」や「自信の有無」に関する先の調査結果は、国連の専門家たちが憂慮した日本の教育の異常さを、子どもの悲鳴というかたちの統計的な表現によって証明しているといってもまちがいではありません。

教育とは本来、一人ひとりの子どもが自分の長所と夢を育てることを支援する仕事であり、それを伸ばして実現するために知的、身体的、精神的な力を育てる仕事です。教育基本法（旧）が言う「人格の完成を目指す」という教育目的は、このことを意味していました。その法律を敵視し変えるために、永年、画策してきた人々と政治の力によって、日本の教育は確実に歪められ、子どもたちを苦しめるものに変質させられてきたのです。

先のデータからもわかるように、競争の教育は子どもと青年たちの中に「自信の喪失」や「悲哀感」の強まりという深刻な問題を生み出す原因になっています。与えられた問題を要領よく解くだけの勉強＝学習と学力では、自己決定ができず、自分が何をしたいのかさえわからなくなって、自己喪失感を強める可能性があるのです。

なぜなら競争の教育は、子どもを点数に変え、子どもから余暇と遊びを奪い、生活を空洞化させるからです。それによって自己肯定感が育たず、人間として最も大切な夢が奪われるのです。その意味で、「抑うつ症状」を訴える子どもたちもまた、自分に自信を持てず、充実した日々の生活を奪われて苦しむ子どもたちだと言うことができます。子どもたちが「なんで学校に行かなくちゃいけないんですか」「なんで生きていなくちゃいけないんですか」とわたしたちに問いかけてくるのは、そうした状況の現われにほかなりません。

――「生きる意味」と夢持つ力

競争の教育に支配された子どもたちの生活の特徴は、いつも評価の目に曝されていることです。子どもたちは大人から四六時中、「勉強しなきゃダメ」「ちゃんとしなきゃダメ」「早くしなきゃダメ」と言われ、評価されているのです。その評価はいつも弱点や欠点を突く否定的な言葉を伴う叱咤激励であることが多く、自分の長所が認められる経験とはなり難いために、自分が生きる意味や価値がわからなくなる子どもたちが増えています。そんな子どもが誰かに「あなたの夢は何?」「あなたがしたいことは何?」と問われても、それに答えることは困難です。

自信を失い、したいことさえわからなくなる子ども。将来への希望を失うことは生きる意味を見失うことですから、「生きる意味」を問う子どもたちに対しては、「がんばれ」という励ましの言葉よりも「夢を持つ力」を取り戻す支援が必要になります。最後に、その点を少し考えてみましょう。

幼児期や小学校低学年であれば、強さに漠然と憧れて『アンパンマン』になることを夢にみる男の子もいるかもしれません。それもまた希望を持つ力という視点から見ればその土台になる大切な経験です。小学校も高学年になれば、「なりたい」というだけでなく、「やってみたい」という気持ちを込めて夢を語り、サッカーや野球などの技の上達に夢中になることが多いものです。そしてもちろん、高校生や大学生になれば、何らかの職業や専門家をめざし、腕を磨いて人々の役に立つ人間になりたいと考えられるようになるはずです。つまり夢の変化を見ると、それは子どもの成長とともに内容を変え、徐々に、より具体的な希望を育んでいくものなのです。しかし夢を持つ力が育てられていないために、大学生になっても「何のために学ぶのか」を考えることがむずかしい人が少なくないのです。

そこでわたしは大学生たちによく尋ねることにしています。「君たちは何のために勉強をしているの?」と。すると「資格を取って就職するためです」というかなり底の浅い答えが返ってきます。それはテストのための教育が他人との競争を煽り、成績の序列に関心を絞るために、試験合格を目的と考える狭い発想から抜け出せない青年の姿です。しかも競争の教育は、「人の役に立つ自分になりたい」という、人間の「社会的な本能」を無視しているために、生きることの意味をもわからなくさせているのです。

だからわたしは、講義の中で意識的に、「資格を取って就職することが学ぶことの本当の目的だろうか」と尋ねます。人間が学ぶ目的はもっと深いもので、仕事を通して人の役に立てる自分を育てることではないかと問いかけるためです。そして、「どんな仕事であろうとも、それを通して人の役に立てる自分になること。大学にまで来て学ぶ意味はそこにあるのではないか」と話をするのです。

普段は授業中に私語や居眠りをやめられない学生たちも、その話を重ねるとやがて真剣な顔をして静かに話を聴くようになり、講義が終わると、教卓の側に集まってきて「先生、今日の講義よかったわ〜」「なんで勉強をするのか、わかったわ」「勉強って一生続くんやね」などと言うようになるのです。人の役に立てる自分になるという、人間にとって最も本質的で本能的な喜びに気づくとき、学生たちは学ぶことと生きることの意味を再発見すると同時に、その顔は希望を取り戻した輝きを帯びるのです。

子どもにとって大切なことは点数でも序列でもなく、自分の長所が認められる場所で、夢を追いかけて行動しながら学ぶことです。そんな場所を子どもたちに保障してあげることがわたしたち大人の責務ではないでしょうか。

2 子どもを襲う三つの不安

――見捨てられ不安

不登校の子どもたちが感じる「本来の苦しみ」を、不安という言葉で表現しましょう。それには三つの不安があります。

第一の不安は、見捨てられ不安であります。「僕は、見捨てられるのではないか」「わたしは、見捨てられるのではないか」と。今、この見捨てられ不安を持っている子どもたちは、急速に増えています。

なぜ、見捨てられ不安が出てくるのか。それを考えるには、子どもたちが、親から、

「ああ、お前を産んでよかった。お前がいてくれてよかった」と思ってもらえるのは、どんなときかを考えるとわかります。

少なくとも、最近、二、三〇年の日本の社会では、不登校が増え始め、それからどんどんどんどん増え、今なお増え続けていますが、それは、この二、三〇年の日本の教育の変化と関係しています。この間、日本の教育は、競争に次ぐ競争を強めてきました。ですから、親から、「お前がいてくれてよかった」と思ってもらえるのは、いい成績を取ったとき、いい点数を取ったとき、親の言うことをきく「よい子」だったときです。そのとき、子どもたちは、初めて親から受け入れられると感じます。成績が悪いとき、点数が悪いとき、親の期待を裏切るとき、こんなとき、子どもは、親から見捨てられるんじゃないかと感じ、ものすごく深い心の傷を負います。

ここ二、三〇年は、ほとんどの家庭で、子育てといえば、子どもを賢くすることだと思ってきたのではないでしょうか。「子どもを賢くすることが子育てだ」と、思い込まされて、親たちは、一所懸命育ててきました。こういう家族を、わたしたちは教育学の専門の言葉で「教育家族」と言います。

――「生活家族」と「教育家族」

今、子育てをしている家族の、九九・九九％は、教育家族だと言えます。みなさんの家族もそうです。子どもが家にいてすることは、勉強をして、宿題をして、塾に行って、テレビをあんまり見ないで、とにかく良い成績をとることだけです。だから、親たちに、「子どもに、まず、どういう言葉をかけますか」と質問したときの答えで、一番多いのは、「早く」です。「早くしなさい」それから「勉強しなさい」と、「宿題しなさい」です。それからとにかく「早く寝なさい」ですよね。今、子どもたちに、「お手伝いをしなさい」などと言う言葉をかける親は、ほとんどいない。家庭での、子育てのメインテーマが「教育」になってしまった。これが、教育家族です。

なぜ、教育家族が生まれてきたかは、歴史の中ではっきりしています。一九七〇年代の中ごろ、今から三〇数年前、高校進学率が九〇％を越えて、みんなが高校に行くようになりました。

それまでの子どもたちは、高校に行くか、就職するか、それは一つの進路選択だった訳です。でも、みんなが高校に行くようになり準義務的な状況になってしまうと、子どもたちにとって、「どの高校に入れるか」これが高校進学の意味になってしまいました。どの高校に入るか、それは、縦に序列化されて、どこに入れるか否かをめぐって、子どもたちは非常に神経質になりますが、親たちは、それ以上に神経質になってしまう。そういう競争が、教育の現場と、家庭を支配してしまいました。子どもは受験戦士になり、入試は「家族の総力戦」という様相を呈するようになってきたのです。これが一九七〇年代の中頃以降の日本の教育と家庭の実態です。

その同じ時期に、実は、日本の家庭のほとんどで電化が終わりました。家事の電化です。電気炊飯器、電気冷蔵庫、電気掃除機、電気何々と、全部電気になってしまったのです。今や、テレビのコマーシャルでは、電気皿洗い機まで出ていますね、もう子どもには出番がなくなってしまう。子どもにさせるくらいだったら、母親が、スイッチをピッと押した方がよっぽど早い。子どもはこうして「失業者」になりました。

若いお母さんたちは自らが教育家族の中で育ってこられた方が多いと思います。わたしぐらいの歳になると、子ども時代に、教育家族なんて見たこともないです。みんな生活家族です。それは、子どもと一緒に生活を作る。子どもの手をあてにするしかない生活です。

親が子どもに言うことは、とにかく「手伝え。手伝いをしろ」ということでした。学校から帰った時、親に見つかったら大変です。「薪割っとけよ」とか「水汲んでおけよ」とうるさいくらいです。

わたしの子ども時代は、山形県鶴岡市で過ごしました。冬になれば雪がいっぱい降るわけです。雪囲いもしなくちゃならない、薪も割って、雪囲いの間に全部積んでおかなくちゃならない。そういう生活ですから、小学校に入るか、入らないくらい、七歳に近づいたらもう毎日お手伝いです。だから、家に帰ったら親に見つからないように、逃げたものです。わたしは賢くもないし、お手伝いをよくしたよい子でもないのです。親に見つからないように、ランドセルをぽーんと放って、どうやって友だちの所に逃げていくか必死でした。そうすると後ろから、母に呼ばれるわけですけど、もう、振り切るようにして、友だちの所に行って、それから魚釣をしたり、いろんな遊びをしました。この団塊の世代の入り口にいるわたしたちの子ども時代は、地域で子ども同士が群れていましたから、どこに行ったって遊べました。今はどうでしょう。たまに早く帰ってきたって、友だちの所に遊びに行くのに外に飛び出すのではなく、電話をかけるのが今の子どもたちです。「今日、遊べる？」って、みんな塾に行っていて、ほとんどいない。会えるのを確認する。「あ、今日はダメ」なんて言いながら、「○○君は△曜日でないとダメ」と悲しいことをいう子どもたちです。こうして、子どもたちは、お手伝いを失って失業者になってしまったばかりでなく遊びも失ったのです。

そして、唯一親から求められることは、よりよい高校に入るための勉強。これが、家庭における生活のほとんど全てになりました。生活家族から、教育家族への変質。いいとか悪いとかいうことではなくて、日本中のどの家庭もこれを経験しているのです。

本当は、子どもを産む前に、そういうことをちゃんと勉強して、子育てにかかればいいのだけど、子供を産む前にそんなカリキュラムは保障されていません。大変残念な事ながら、こうして親たちは、子どものために一所懸命、教育家族をするわけです。

――「僕はこの家庭に必要とされている」

わたしが小学校一、二年の頃、お手伝いをいっぱいさせられました。特に、ご飯を炊くのがわたしの仕事でした。大きいかまどに、前の晩に母がちゃんと研いでおいたお米の入ったお釜が、どっしりと置いてあるわけです。前の晩から水につけておくと、ご飯がおいしく炊けると母が教えてくれました。それで、朝になると、灰の中にあるおき火から火を起こしました。新聞紙を入れて、ポッと火をつけて、そして、柴をくべる。小学校の二、三年のわたしがやるのですよ。柴をくべて、そして、火がついたら、それから太い薪を入れて、そして、ご飯を炊くのです。わたしが炊かなければ、みんな飯が食えない。こうやってかまどの前に座って、〝始めちょろちょろ中ぱっぱ赤子泣いても蓋取るな〟です。「炊けたかな？　なんて、見ちゃいけないよ」と、親から教えられる。意味はわからないけど、蓋取っちゃいけないって覚えて、一所懸命ご飯が炊けるのをじっと見る。そのうちに、どんどん燃える炎でご飯が噴き出すわけです。噴き出すと、見よう見まねで覚えた通りに、火を落とすのです。強いままの火だと、みんなおこげになっちゃうから、ちゃんと蒸れるまで火を弱火にして蒸らすのです。今も、電気炊飯器はそれを全部知らないうちにちゃんとやってるのです。

当時は、火を落として、そして、そのおき火のような火で、ご飯が蒸れるのを待つ。そこで、「お母さーん」って呼ぶわけです。そうすると、母が、お櫃を持ってきて、それからご飯を移して、昔の懐かしい親子の風景です。そして、そのお櫃にご飯を移したら、日本手拭いをかけて、蓋をして、茶の間に持っていく。茶の間には、丸いお膳が出してあって、そのお膳は、わたしの妹が、ちっちゃい手で一所懸命拭いたから、びしょびしょに濡れているちゃぶ台です。でも、びしょびしょのちゃぶ台を拭きなおすなんてことは、誰もしない。それは、彼女の仕事。そして、そのそばには、わたしの二歳上の姉が洗ったお皿や茶碗が置いてある。母は、それにご飯をよそい、そして、お味噌汁やお漬物をよそって、ご飯が始まるです。

そういう食事をしながら、母からよく言われました。「克行の炊くご飯は、本当においしいねぇ。日本一美味しいよ」と。本当に日本一かどうか調べたことはないんですけど、そう言われると、ものすごく嬉しくなって、「僕がいないと、おいしいご飯は食べられないんだ。僕は、この家で必要とされているんだ」ということをはっきりと感じます。母はときどきそうやって褒めるのです。時には、疲れると、「ねぇ、克行。ちょっと肩、叩いてくれない?」なんていわれて、小学生のわたしが見よう見真似で、肩を叩くわけです。そうすると、「克行は肩たたきが上手だねぇ。日本一うまいわ」そう母は言うのです。すると、わたしは、「将来、按摩さんになろうかなぁ」と本当に思うわけです。妹には、「お前が拭いてくれたこのちゃぶ台でね、みんなが揃ってご飯が食べられる。これが幸せだね」って、そう母が言うと、もう、妹も体が軽くなって、自分は、この家に必要とされている人間だと感じる。姉には、「お前が洗ってくれた食器で、ご飯が食べられる。なんと美味しいこと」そうやって、一人ひとりの出番を、親たちはみんな手伝いの中で認めていたのです。しかし、今の子どもたちは「わたしは、家族に必要とされている」というこの「実感」を持てていない。良い成績を取ったとき、良い点数を取ったとき以外は、子どもたちは、「わたしは、この家に必要とされている」とは思えない。だから、成績が下がったとき、子どもたちは確実に感じます。「僕は見捨てられるんじゃないか」「わたしなんか産まないほうが良かったと思われるんじゃないだろうか」と。これが見捨てられ不安です。ただ、子どもたちは、それを、言葉にできません。ただ、恐いのです。

――子どもを見るものさし

こういう思いを、子どもたちは感じています。わたしは、これを、親のせいだとは思いません。なぜなら、こういう教育家族は、もう、全ての家庭の問題ですが、そういう親たちが、子どもはどんなふうに認めて欲しいのかを学び合う場が用意されていないからです。それればかりか、高校入試の学区を拡大するなど競争を激しくする教育政策の中で、子どもを追いつめざるを得ないところに、親たちが追いつめられているのです。

この見捨てられ不安を、別の言い方で表現するとこうなります。親の子どもを見る目が、一本のものさしになってしまうということです。成績という、一本のものさしだけで、子どもを見ている自分に、気づかなくなってしまうのです。

一人の女の子から、ファックスが届きました。この女の子は、妹さんと、二人姉妹ですけど、とてもつらい思いをしている。このファックスには、こうあります。「下の子はいいよなぁ、上の子の失敗、鼻で笑って、自分はそうならないようにすればいいんだよ。どうせ、下の子が何でもできる優等生なんだろう。下の子だけ可愛がっておけば。上なんかどうでもいいんだろう。生まれてこなければよかった。わたしなんて、生まれてこなければ良かったんだよ。生きていても何も起きやしない。死んだほうがいいんだよ。」そういうファックスです。最後は、自分が死ぬか、お前らを殺すかっていうところまで書いてありました。

成績という基準で見られてしまうとき、自分は見捨てられるかもしれないと思うこの不安を、親が何も言ってなくても、子どもは感じてしまうのです。通知表をもらう日の辛さは、どの時代でもありますが、でも、その事によって、今、大変強い苦しみを背負っている子どもがどの家庭にも一人いるのです。

世界で、学力が一番になったフィンランドでは、みなさん、いろんなところで情報を聞いていると思いますが、義務教育の期間中は、子どもたちにテストしても、点数を付けて、成績をつけることは禁止されています。点数化することで、失うことが非常に多いからです。自分は、何が得意か、自分は、何が好きか、何が素敵かを見つけるのが教育です。ところが、あの子よりも低いとか、この子よりも高いという、そんな比較のまなざしだけが、親たち、子どもたちの中で育ってしまうのが日本の教育の現実です。しかも、日本ではむしろ、その教育を強めるために、全国一斉学力テストをやり、学校ごと、自治体ごとの順位を出している。また、その競争を一所懸命強めて、子どもたちを競わせれば、あたかも賢くなるかのような、そんな状況になっています。それを教育とは言えないと思いますが、そんな政策の中で、親たちはますます一本のものさししか持てなくなってしまうのです。

――子どもの数だけものさしを持つ

わたしは、小さい子どもを育てている親たちに次のように言います。「子どもの数だけものさしを持ってください」と。子どもの数だけものさしを持つとき、子どもたちは、「ぼくは認められている。ぼく、大丈夫なんだ」そんなふうに思えます。子どもが三人いたら、三つのものさし。これは、教育の中のプロといえる人も、みんなそうです。

わたしたちが実践記録を読んで、心打たれる教師は、三〇数名の子どもたちの一人ひとりの長所をさっと言える教師たちです。三〇数名の子どもたちの欠点をさっと言える教師はどこにでもいます。欠点はすぐ見えるからです。そうではなくて、三〇数名の一人ひとり、「君はここがいいよなぁ」って、そのように子どもたちをしっかりと見てくれる教師の許では、子どもたちは、本当に先生に吸いつけられるように、素敵な関係を作っていきます。これは、家庭も同じ。子どもの数だけ、ものさしを持つと、子どもたちは、本当に生き生きとしてきます。

あるお母さんは、下の子どもの不登校について相談にきたとき、こう言いました。「お姉ちゃんはこれができるのに、この子はこれができない。お姉ちゃんは、こうするのに、この子はこうしない」いつもお姉ちゃんと比較して言うお母さんだったのです。その話を聴きながら、「ぼくがその子だったら、どんなにつらいだろうか」と、そう思いました。そこで、そのお母さんに、「お気持ちはとってもよくわかりました。子どもさんのこんなところを良くしたいと思ってらっしゃるんですね」と言ってから、「教えて欲しいことがあるんですが、その下のお嬢さんの良いところ、お母さんから見て、良いところを一つ教えてください」とお聞きしたんです。そしたら、そのお母さんは、じっと考え込まれて、「ありません」と言いました。「見つかりません」と言うのです。

これは、きついです。子どものことは、一所懸命考えているんだけど、いつも、ネガティブな評価しか出てこない。これは、きついなぁ。と思ったんです。そこで、「次にカウンセリングに来るまでに、お嬢さんのことを良く見て、ここが素敵ということを一つ見つけて、教えてください」そういって、その日、カウンセリングを終わりました。二週間後がカウンセリングだったんだけど、一週間くらい経ったら、電話がかかってきました。「先生、見つかったんですけど、こんなものでいいでしょうか」と言うのです。「何ですか」って言ったら、「この子、猫を可愛がるんです……。こんなところも、いいところでしょうか」って聞かれたのです。「あぁ、良いところを見つけられましたねぇ。猫を可愛がるって大変なんですよ。いろんなことに気を遣って。これは本当に素敵な心じゃないですか」そう言いました。それはとっても素敵なところだと言ったら、それから一週間後にきたときには、「いや、こんなところも、あんなところも」って、いっぱいお母さんに見えてきたようでした。それから間もなくして、お嬢さんはどんどんと元気を取り戻していきました。

このお母さんの例のように、「子どもの数だけものさしを持つ」ということが、実は、なかなかできないのです。子どものためにと思う言葉の一つ一つが、子どもにとっては、「それじゃダメ。それじゃダメ」と言われているような、そういう言葉となって、子どもを本当に深く傷つけるのだと思います。

そして、わたしは、親たちに言うのです。「子どもの数だけものさしを持つことと、もう一つ大事なのは、子どもの小さな出番を作り、小さな生活家族を取り戻そう」ということです。昔と同じにはいかない。でも、小さな生活家族なら取り戻すことができる。お風呂だって、ピッとつけるのは、お姉ちゃんとか。新聞だって、毎朝持ってくるのは、弟の仕事。お前がいてくれるから助かるという言葉を、もしも、お父さん、お母さんからいつも聞くことができたら、子どもはどんなに安心して、家の中で羽を伸ばすことができるでしょう。子どもは、「自分が必要とされている」そう感じるときに、心が本当に豊かに伸びていくのです。

――孤立への不安

見捨てられ不安に並ぶ二つ目の不安。それが、競争の中で強まる「孤立への不安」です。孤立というのは、子どもの苦しみの中で、ある意味、最も苦しいものかもしれません。

この孤立への不安が、実は、劣等感とつながって、人間関係での劣等感、勉強での劣等感となります。そんな孤立への不安が、子どもたちを苦しめています。この「孤立と劣等感」「孤立への不安」が、勉強ができるとか、できないということを超えて、今は大変広がっているということを雑誌『ＡＥＲＡ』（二〇〇八年一〇月一三日号）が特集したことがあります。

――勝ち組を襲う早すぎる挫折

首都大学東京の西島央先生という、教育社会学の先生が、調査をして学会で報告したものを、ここで取り上げているのですが、特集のテーマは、『勝ち組を襲う　早すぎる挫折』

です。いわゆる中高一貫校といわれる進学校に行った子どもたちが、その進学校といわれる学校でも成績が序列化されますから、その中の真ん中より下の子どもたちは、非常に苦しんでいるという調査結果です。

例えば、皆さんは、奈良で放火殺害事件を起こした少年を覚えておられるでしょう。あの子も、小学校はとくに成績優秀でした。その成績優秀だった子が、親から医者になるためにもっと勉強しろ、勉強しろ、と言われるけれども、成績が上がらない。上がらないどころか下がってくる。そして英語の成績が平均点よりも下がったとき、もう、自分は、親から受け入れられない。そして、家でも学校でも孤立すると思って、放火をしてしまうわけです。その早すぎる挫折。これが、今、非常に注目されています。

『AERA』の特集では、これをさらに進めて、私立の中高一貫校の中で、どこが最も激しく劣等感を子どもたちに味わわせているかという調査をして、受験に夢中になっている親たちに、情報を与えているのです。最近では、「中高一貫校に入れるんじゃなかった。地域の中学校に入れとくんだった」という反省する親たちがかなり多くなっています。少し紹介してみます。

「首都圏に住むフリーターのA子さん。進学実績が急激に伸びており、塾に行く必要はないと評判の私立中高一貫校に在学中、ずっと劣等感にさいなまされてきた。母親の希望で、その進学校を選んだ。勉強は、予想以上に難しかった。授業の進度は早く、毎週小テストがある。成績が悪ければ、親は呼び出され、追試に次ぐ追試に追われ、中三になる頃には、ついていける子と、ついていけない子とが、はっきり二極化していた。自分は、ついていけない子。高校に上がっても成績は上がらず、進級すら危うい状況になり、高校二年で自主退学をした。」こういう学校には、不登校扱いの子どもはいません。みんなそこから放り出されてしまうからです。こういう子どもたちの挫折、それが、この子の場合は、社会に出ることもなかなか思うに任せず、今、悩みを抱えながらフリーターをしています。

さらに、「大都市圏では、私立中学受験ブームが加熱する。高校受験がない六年一貫教育で、大学受験にも有利。先生も熱心で、公立のように荒れやいじめもない。そんなバラ色の未来を夢見て、親は小学生の我が子を進学塾に通わせる。だが、できる子ばかりが集まる私立中学校に進学してしまったために、自信を喪失し、結果的に回り道をしてしまう例が少なくない。首都大学東京の西島先生は、最近、都内の私立中学二年生を対象に行った自己肯定感に関する調査結果を見て衝撃を受けた。中学校の入試難易度の高低に関わらず、自分には人より優れた所があるとか、自分に自信があるという肯定的な答えをすることができず、否定的に答えた子どもの数が、同じ学校のいわゆる偏差値的水準に関係なくほとんど同じだった」と。また「中学受験をせずに、公立中学に進んだ人を羨ましいと思いますか。という質問に対して、羨ましいと答えた人が三割もいる」と記事に書いてあります。

このように最近は、いわゆる中学受験で、塾に通い続けて、そして、いわゆる進学校といわれる学校に進んだ子どもたちの中に、深く傷ついて、孤立感と劣等感に苦しみながら、不登校にもカウントされず、その学校の外に、出ざるを得ない、いわゆる、自主退学の子が増えているのです。相談にくる子どもでも、そういう子どもがいっぱいいます。そして、公立学校に移った後も、どこどこの学校に行ってた子が入ってきたというだけで、特別扱いされてしまいますので、それでまた孤立感を味わう。これで、苦しんでいる子どもも多いのです。

――「風船みたいに飛んでいってしまう」

この競争の中の孤立感と、劣等感。これがどんなにきついものであるのか。今、一般的な状況を話しましたが、具体的事例でお話ししましょう。

彼は、公立の中学校で学び、中高一貫校の高校のごく少ない募集定員に挑戦し、受験して、受かりました。しかし、高校から中高一貫校に入ると、中高一貫校は学習する内容がどんどん先にすすんでいますので、いくら頑張っても、追いつかないわけです。そこで、最初の実力試験の成績が、ガクーンと下がってしまい、それから、身動きできなくなりました。家の中で、お母さんから手を離すことができなくなったのです。もう、お母さんのそばにいないと苦しい。彼は、こう言いました。「お母さんに掴まっていないと、自分が風船みたいに飛んでいってしまいそうだ」と。すなわち、自分が、無である。空っぽであるという感覚で、風船みたいに飛んでいってしまいそうだと言って、お母さんにいつも掴まっていました。お母さんは、トイレに行くのも、お風呂に入るのも難しい。高校一年生の男の子です。そこでお母さんは、自分と等身大の座っている人形を作りました。そして、自分がその日、着た服を、自分の匂いが付いたままの服を、そこに掛けて、そして自分がトイレに行っている間は、「これに掴まってて」と言うのです。子どもさんは、それに掴まっていました。夜寝るときは、両端に、お父さんとお母さんに寝てもらって、両足の上に足を乗せてもらう。「そうしないと、僕は飛んでいっていなくなってしまう」といいます。こういう恐怖感。これこそ、この子の底知れぬ不安でありますが、それによって中身が空っぽの自分が、何もない自分がどうなるんだろうと苦しみながら、この子は、学校に行けなくなって、相談にこられました。ただ、このお母さんは、わたしが、「この子の心の苦しみを一緒に理解していきましょう」とお話ししたのですけど、一、二回こられただけで、こられなくなりました。「どうしたら学校に戻れるか、それを教えてくれる所に行く」と言ってこられなくなりました。その後、どうなったか、ちょっと音沙汰はありません。

こんなふうに、子どもたちは、見捨てられ不安だけではなく孤立感と空虚感に苦しむのです。このとめどもない不安を、子どもたちは、自分で正確に言葉で説明することはできません。これが子どもたちの本来の苦しみです。これは、長い時間をかけて傷つけられてきたものですから、この傷は相当深いと思わなければいけません。でも、この本の中に紹介したたくさんの子どもたちのように、そういう子どもたちも育ちなおすことができるのです。そこが素晴らしいです。この子どもたちの育ちなおす力の素晴らしさを、わたしたちは、しっかりととらえなければなりません。

存在不安

さて、三つ目の苦しみ、それをわたしは、「存在不安」と名づけました。存在不安というのは医学用語ですけど、たまたま一致しました。存在不安というは、自分のルーツを、すなわち自分がこの両親の子として産まれてきたことを、自分として肯定できない、そういう苦しみです。

最近、特に、この苦しみは、学校に行く、行かないに関わらず広まっていると思います。それは、非人間的な労働環境の中で父親と母親との間の相互の無理解、相互の確執が、相当広まっているからだと思います。この非人間的労働環境についてしっかりと押さえることによって、それは、夫婦の問題である以上に社会問題であるということを強調したいと思います。子どもたちが、夫婦のいさかいを見てしまい、その中に自分の名前等が出てこようものなら、もう、それだけで、心がズタズタに傷つけられてしまいます。沢山の事例がありますが、一人の子どもの例を出してお話しましょう。

――「五歳から一六歳まで、僕は不幸の中にいました」

この子は、今、高校二年生です。中学一年生のときに、不登校になりました。実は今、この子は、元気に学校に通っていて、もう育ちおなしを始めているのですが、ある親の会の、沢山いる人の前で、「僕の経験を聞いてください」と言って話してくれました。そばにはお母さんが座っておられました。

「中学一年の夏、僕は不登校になり、ひきこもりました。今、考えれば、原因はいろいろ。ひきこもっていた間、中学一年、二年、三年とひきこもったのですけど、ひきこもっていた間、僕が考えていたことは、人生ってなんだろう。生きるってなんだろう。ということでした。自分が自分を生きている実感がなかったからです。それは、小さいときから、両親の仲が悪く、家庭不安があったからです。今、思い出すと、五歳までは幸せでした。五歳から今まで、僕は不幸の中にいました。両親のいさかいの間に、祖父母が入ってきました。荒れた家族を見て、わたしは人間には裏と表があることを知ってしまいました。両親なのに、裏切りもだましもある。人を信じられなくなりました。でも、外に行くと、家族を良く見せたいので、良い子を演じていました。母の評価を悪くしたくなかったからです。それが、中学一年で我慢できなくなりました。でも、僕がこうやって話せるのは、母のおかげです。親も始めはパニックになって、僕を学校に行かせようとしましたが、母は、(不登校の)親の会に参加して、それからだんだん僕の話を聞くようになってくれました。僕の心に関心が向くようになり、話をしっかり聞いてくれるようになって、僕は楽になりました。母が、わたしを救ってくれたのだと思います」

ここまで聞いて、素晴らしいなぁと思いながら、それでお母さんここにきていらっしゃるわけだと思ったのですが、彼がそのあとに、こう言ったんです。「でも、父はなかなか成長できません」と。

リアルだなぁと思って話を聞きました。そして彼は、高校に入って、そこで素晴らしい先生に出会います。「自分の将来を考える、不登校の経験も立派なステップになる、その経験があるから、将来を考えることができる。そういう自分の気持ちを受け入れてくれる先生のお陰で、今、僕は学校を楽しんでいます」こんなふうに話してくれました。

両親が喧嘩してはいけないと言いたいわけではありません。生い立ちの異なる父と母の意見が違う、対立するなんていう事は、我が家だって沢山あるし、どこの家だってある。

そんな事がいけないのではなくて、子どもの前で親が不用意にも、子どもの存在を無視するかのように、対立の根を深めることは控えた方がいい。そして、夫に対する、または、妻に対する自分の思いを、時には憎しみに似たような言葉にして、子どもの同情を得たいかのように、「お父さんは、こうなんだよ！」というようなことを言うべきではないということです。子どもは、「自分は生まれてきてよかったんだ。自分はウエルカムだったんだ。自分が生まれてきたことは、喜ばれることだったんだ」と思わなければ、生きている意味がわからなくなってしまう。だから、存在すること自体に意味があるのかという不安に、つながっていってしまう。それが「存在不安」です。

だけど、今の例で一番大事なことは、そういう自分を振り返ることができたとき、子どもはそこからでさえ、育ちなおすことができるということです。親が、自分の話をちゃんと聞いてくれて、自分の思いを理解してくれて、「お前を産んでよかった」「お前の親でよかった」という、親の思いをちゃんと自分で確かめることで、子どもは元気になることができるということです。

このように、子どもたちの本来の苦しみは、言葉にはなかなかできない、深いところにある苦しみだということです。「見捨てられ不安」そして、「孤立への不安、劣等感」さらに、「存在不安」という、三つの不安を子どもたちは、口にせずに、五月雨登校や不登校あるいは非行などいろいろな形でわたしたちに表してくれるのです。

今、おもに家庭の問題として、お話しましたが、実は、学校の中での競争の激しさが、今言った家族の矛盾を生みやすい環境を作っているのです。そういう社会の構造を捉えることが非常に大事なことだと思います。

さて、こうして子どもたちの心の傷をこの社会と家族のあり方に根差した本来の苦しみとして捉えてきました。これを癒していくには、相当の時間が要る。そして、その傷を癒していったときに、子どもたちは、やがて、自分の目標を見つけ、ものすごい勢いで育ちなおします。これが、不登校などで苦しむ子どもたちを理解するときに、とても大事なことなのです。

第四章

「育ちなおし」の力を育むために

1 心が癒えていく条件
—子どもたちが居場所を持つこと

——第一の居場所
（①理解者がいること ②否定されない ③待ってくれる場所）

今まで不登校の子どもたちとかかわってきた中で、たくさんの子どもたちが「育ちなおし」していく姿を見てきました。子どもたちが「育ちなおし」していくには、まず傷ついた心を癒していくことが大切になります。

そのプロセスについて、二つの条件をお話しします。

まず条件として大事なのは、子どもたちが居場所を持つということです。この居場所には、大きく二つの居場所があります。その一つめをわたしは、第一の居場所と呼んでいますが、これが家庭であることが最も望ましいのです。しかし、家庭がなかなか第一の居場所になれない子どももケースによってはあります。これは、相談員の立場から見れば、何とか不登校の親の会に来て欲しいと思いながらも、なかなか動いてもらえないケースです。いろんな事情を抱えた親たちもいます。その場合には、その子どものためにどこに第一の居場所を作るかということが課題になるわけです。それが、学校の中の相談室であったり、または、学校の中のカウンセリングルームであったり、いろいろな場に子どもたちは第一の居場所を作ります。

そこが居場所であるためには、そこには、その子どもの苦しみを理解しようとする理解者の存在が必要です。家庭が居場所になるときは、その苦しみを理解しようとする母親、もちろん父親でもいいですけれど、その親がいるということが、家が居場所になるときの最大の条件です。

そして居場所では、理解者がいると同時に、学校に行けていない自分、時々イライラしてしまう自分、壁をぶっ壊してしまう自分、そんな自分を含めて、自分が否定されないことが重要です。

「壁に穴を開けたいほどつらいんだよね」「障子をべこべこにしてしまいたいほどつらい

んだよね」「お母さんをちょっと小突いてしまいたくなるほどつらいんだよね」とそのつらさを、それを理解しようとするのです。

もちろん、叩かれるのはつらいですね。自分の苦しみを理解しようとしない親を叩く子がいます。その時の親は、本当につらいです。わたしは、お子さんに暴力を振われているお母さんによく言います。「お子さんは、あなたのどこに手を出しますか。あなたの顔を殴りますか。あなたの腕や背中を叩きますか。そこが大事ですよ」と。子どもが親の顔を張ってくるようなときには、子どもの心の中にはひょっとしたら、深い恨みの心があるかも知れません。でも、顔にではなくて、お母さんの腕や背中を叩いてくるとき、その時は、「お母さんわかってよ。僕は苦しいんだよ。助けて」という、本当にお母さんに対する言葉にならぬ思いを、表現するときです。でも、わが子に小突かれたときのつらさは、言葉にならないくらいに大変だと思います。

わたしは、そのとき、「まず子どもの暴力にも意味がある。それが恨みからきているものならば、それを晴らす努力をしなければならない。助けてというシグナルであるならば、助けて欲しいんだな、こんなふうにしてわたしに助けを求めてるんだな、ということをわかってあげて欲しい」と言います。でも、これ以上我慢したら自分が長く持たないと思ったら、「お母さんちょっと席をはずすよ」と言って、子どもの前から姿を消して欲しい。そして、一旦姿を消したら、二時間は子どもの前に現れないで欲しい。それは、子どもの高ぶった思いが静まるまでの時間を、子どもに保障してあげて欲しいから。その二時間は、ちょっと外に出て、友だちと電話してもいい。ちょっと喫茶店に行って、高いけどお茶一杯飲んで来るのもいい。でも、その時間を子どもにあげると、子どもは、だんだんと怒りがおさまる。そして、帰ると、さっきの続きではなくて、まるで落ち着いた、元の子に会うような感じになる。こういう風に、子どもが、自分に暴力を振るってくるときでさえ、そこには意味がある。それを親が感じながら受け入れていくと、子どもは、自分は否定されていない。ということを、しっかりと感じ取っていきます。

そして居場所は、三つ目に、そういう自分が元気になるまで安心していていいという思いで、待っていてくれる場所です。「待っていてくれる場所」「理解者がいる場所」「自分が否定されない場所」これが、居場所の三条件です。

我が家をまずどうするか。今言った三つの条件を家庭の中に作るためには、親が学び、親が変わらなければなりません。子どもを車に乗せて学校に連れて行くか、縄で縛って学校に連れて行くかではないのです。子どもをどうするかではなくて、わたしたちがよりよく学んで、子どもの理解者になり、我が家が居場所になるようにすることです。それによって、子どもがぐーんと落ち着いてきます。

こうして、家の中が落ち着いてくると、親から受け入れられている自分を感じます。見捨てられ不安も消えて、存在不安も消えて、子どもは、家の中でのんびりし始めます。そうすると一日中パソコンばかりしたり、昼ごろ起きてきたりします。昼間起きてきたんならちょっと手伝いしてよと言いたくなるけど、それでも子どもはパソコンをしたり、ゲームばっかりしているケースが多いです。わたしはそんな時、「ああ、お母さんをぶっていたあの子が、今はパソコンをして時間を潰す。そういうことができるようになったんだな」と考えます。でも、この子の中では、パソコンをしながら、本当は友だちと遊びたいのに遊べない自分を、きっと責めているのです。テレビを見ながらテレビを見ていない。ゲームをしながらゲームをしていない。そういう事も子どもの心の中ではいっぱい起きていますから、そういう子どもの気持ちを理解しながら待つのです。パソコンをしている子どもですら、それこそ彼らに言わせれば退屈なのです。外にも出て行けないし、家にいるしかない。家にいて何をしたらいいのか分からない。そのヒマであることの息苦しさと、それを紛らわす方法として、パソコンやゲームを子どもたちはしている。自分は何をしたらいいか、将来どうなりたいか、その思いが見えてくれれば乗り越えられることなのに、それがまだ見い出せないがゆえの子どものつらさの表れなのです。

――第二の居場所　生の現実に出て行く前に

家庭、または、相談室やカウンセリングルームでの素敵な先生との出会いで、第一の居場所を見つけることができたときに、子どもは外に向かって動き出します。そのときに必要なのが、第二の居場所であります。

ところが、家の中で落ち着くようになって、ある程度元気になってくると、もう親たちは、学校に行っていいだろうと言い出します。これは、第二の居場所を知らないためにスキップしてしまう見方です。すぐ生の現実に戻るということを考えてしまうことは、心の傷を充分に癒すという機会を逃すことです。

子どもたちは、言葉にできない苦しみを抱えながら、まず、中間項として、フリースペースやフリースクールのような場所で、自分と同じような思いを抱えながら、悩んでいる人と出会い、それを理解してくれる第三者との出会いを通して、自分を見つめなおす機会を持つことができます。第一の居場所と、子どもがやがて出て行く生の現実との間にある、第二の居場所としてのフリースクールやフリースペースなど、この存在が子どもたちにとって非常に大事になります。

子どもたちが安心していられる第二の居場所。自分の辛さを何も言わなくてもわかってくれるようなそんな友だちや大人たちがおり、第三者である大人たちがいる。そんな場所に、子どもたちが出会えるというのは、本当に素晴らしいことです。全国各地で、そういう居場所を親たちが手作りで作っています。

長崎では親の会が主催する夜間歩行があります。子どもたちと青年たち、そして親たちと一緒に三〇キロ歩くのです。真夜中の一二時に出発すると、明け方に着きます。長崎ですから、東の空に綺麗な太陽が昇るのを見ると、子どもたちは、わぁ、と歓声を上げて。もう、へとへとに疲れているのに、元気になって帰ってくるわけです。

そうやって仲間との人間関係をもう一度育てなおし、そして、自分が、こんなに感動できる自分だということを見つけなおすのです。これが、第二の居場所。子どもたちは、やがて、「僕、定時制にしようかな。それとも、私立のあの学校受けちゃおうかな」と言い出します。高校への進学を転機とする子どもが多いということです。

子どもは、友だちのいる学校に行きたい、その思いをみんな持っています。みんな青春をしたいのです。学校で、バレーやバスケットやいろんな試合の応援もしたいのです。そういう青春をしたいから、みんな学校に行きたいのです。そういう心のエネルギーを取り戻し、そして、「ぼくは大丈夫。できる」ということを、第二の居場所で学習して、やがて、現実の学校に子どもたちは戻っていきます。

繰り返しますが、まず大事なことは、「我が家を第一の居場所にすること」です。心が傷ついて過敏になった子どもたちはそこで、親からすごいエネルギーをもらいます。家庭が第一の居場所になっていないとき、子どもは家庭にいながら、ものすごくエネルギーを発散させ、消耗させられていきます。ですから、昼夜逆転をせざるをえません。夜、みんなが寝てしまった後、その時だけは緊張しないで自分になれる。そういう子どももいます。昼夜逆転にも意味がある。怠けている訳ではない。子どもの心を徹底的に理解し尽くすこと、これが第一の居場所をしっかりと安定したものにする上で欠かせません。そして、第二の居場所が子どもと友だちとの良い出会いの場になるように、子どもが家にひきこもっている段階であっても、このフリースペースに親自身が関わって、そこでの楽しいことを子どもに伝えてあげて欲しいと思います。

――心が癒えていくプロセス

子どもたちが心のもつれや、心の苦しみを克服していく条件を述べてきました。次は、それを克服していく道筋を三段階でお話いたします。みなさんは、不登校になった子どもたちには、時間がバラバラになっているということがお分かりでしょうか。心がものすごく苦しいいくつもの葛藤を抱え、熱を出したり、体がおかしくなるほどに、症状を出して示してくれる子どもたち。その心の中には、たいへん深刻な思いが詰まっていますので、彼らにとって、時間はバラバラになっています。それは、わたしたち自身のことをちょっと思い出してもらえば、すぐわかります。

――三つの時（過去、現在、未来）を取り戻す

皆さんは、今、過去と現在と未来という三つの時をギューとコンパクトに圧縮し、自由に往き来しながら生きています。これが心が元気な人間の時間です。いつでも過去に戻れ

るし、いつでも未来に行くことができます。「あの頃、こうだったわね」と思いながら聞き、そして次は、すぐに未来のことにも自由に思いを馳せることができます。不登校の子どもたちはどうでしょう。

不登校の子どもたちにとって、未来は真っ暗です。心の傷が癒えていなければ、未来は絶望です。過去はどうでしょう。学校に行けなくなるまでの日々は、思い出したくもない怖ろしい出来事があった日々です。全部、消しゴムで消してしまいたい過去です。今はどうでしょう。現在という時。現在という時も苦しくてなくしてしまいたい。すべての時間がバラバラになります。

この子どもたちに、この『時』を取り戻す、すなわち子どもたちの心の傷が完全に癒えたとき、子どもたちの三つの時間は、コンパクトな三つ重ねに戻ります。そして、実は、この三つの『時』を取り戻すには順番があるのです。最初に取り戻すのは、それは「現在」です。それは、自分のままであっていい。学校に行く、行かないよりも、自分のままであっていいんだ。そう子どもたちが思えたとき、子どもたちは、今を、「これでもいいか」と思えるようになる。これが、時間を取り戻す第一段です。これを取り戻すことができなければ、過去も未来も取り戻すことはできません。現在という時を、これでいいんだと思えることを「安全と安心を獲得する」と言いますが、安全と安心を獲得することによって、現在という『時』を、子どもが、生き生きと生きられるようになります。

次に取り戻すのは「未来」です。過去はまだ真っ暗ですけど、いや、全部消してしまいたい過去ですけど、現在を取り戻せると、心のエネルギーが湧いてきて、将来のことを考えられるようになる。「将来、こんなことしたいな、こんなことできたらいいな」とか、「僕は、高校に行って、あるいは高卒の認定試験とって、大学に行こうかな」というようなことを思うとき、子どもたちの心は、将来を見ているのです。そして、将来を子どもたちが見ることができるようになったときが、子どもたちが活発に動き出すときなのです。

この動き出すときに、子どもたちは、フリースペースなどに行って誰かと出会うということが大事です。この「出会い」の中で子どもたちは、未来ということをもっと具体的に感じます。そして、周囲で見ている親や教師にとって、現在を取り戻した子どもが、家で元気になって、テレビも見たり、ゲームやったりして、とにかく現在を元気になってくれたときが、とても重要なのです。そのときに一番大事なのは、今、できていないことを見るのではなく、今、できていることに注目することです。ゲームができている、インターネットができている、ご飯も食べられている、ちゃんと眠れているなど、今、できているすべてのことが大事なのです。今、できていることから出発して、人とつながること。それが未来を取り戻すことにつながるからです。

埼玉の一人の青年は、現在を取り戻して語れるようになったときに、わたしにこう言いました。「ぼく、電車が好きなんですよね」と。「電車が好きで、外に行くんだったら電車を見たい。電車の写真を撮りたい」と話してくれました。「ああ、それは素敵だね」とこたえました。彼は旅が好きな人と一緒に、電車の写真を撮りに行きました。それから、お母さんから貰ったお小遣いで電車に乗って行ける所まで行く旅を始めました。一緒に付き合ってくれる友だちを見つけて、旅に行ったのです。そして、彼は、旅をしながら決心しました。「ぼくは、鉄道専門学校に入るぞ。鉄道専門学校に入って卒業する」と。「卒業すれば、ほぼJRに就職できるので、ぼくは、鉄道専門学校に入るぞ。何年かかったって、入るぞ」そう、自分で決めて、勉強を始めて、今、鉄道専門学校に行っています。これが、子どもたちが未来を取り戻すということです。

ただ、現在を取り戻して、未来を取り戻して、学校に戻ったら解決なのではありません。この子だったら、鉄道専門学校に入ったら、もう解決かというと違うのです。まだ過去が残っています。この過去を取り戻すときが、本当の意味で全ての傷が癒えるときです。それは、自分が不登校をしていた中学校の頃のことが、鉄道専門学校の友だちの間で話題になって、盛り上がっているとき、「ぼくに振られたらどうしよう。あの頃のことは、触れないで欲しい」と、思うような過去の捉え方では、友だちとの関係がうまく取り結べません。だから、過去を取り戻すというのは、自分が不登校していて経験していなかった中学校のことをみんなが話しているときでも、「俺、あの頃、不登校してたんだよな。でもね、結構いろいろなことができたんだよ。パソコンもあのとき覚えたしさ」と言ったりして、自分の過去を振り返ることができることが重要なのです。「あの時、俺、学校に行ってたら、今の俺じゃないと思うな。あのとき、つらかったけど、学校に行ってなかったから、多分、今の俺になれたんだと思うよ」と言って、過去を、今の自分と結び付けて、肯定的に捉えることができるようになったとき、現在と過去と未来が見事に三つ重ねになって、取り戻すことができるのです。このときに、子どもは、一番深かった心の傷も本当に癒して、誰とでも、どの場面でも、いつでも、自分をしっかりと語ることのできる、そういう青年になっていきます。

　ですから、わたしのカウンセリングは、いつも長い時間になります。学校に戻れば終わりではないからです。だから、よく、大学に戻り、高校に戻った子からメールがきます。

メールがきて、その中で自分が過去を語れるようになるまで、わたしも短かなコメントを返しながら一緒に付き合います。ある子は、「わたしは不登校をしたお陰で、子どもの気持ちのわかるカウンセラーになりたいという夢を持つことができました」といってきました。不登校にならなかったら、カウンセラーも知らなかったし、しかも、子どもの心がわかるカウンセラーって、こんなに素敵な仕事なんだって、思ったそうです。それで、彼女は大学に行き、カウンセラーの資格をとって、今、国立大学付属病院の小児神経内科でカウンセラーをしています。彼女は、「あの頃があったから、今のわたしがある」と言います。

――育ちなおす力

本当に苦しい心にしっかりと寄り添ってもらうことができた、こういう子どもたちが、全国でいっぱい育っています。

育ちなおしということは、そういうことです。

自分の過去を今とつなげて、話すことができる。そこまで子どもたちが心を取り戻して行く。そんな見通しを持つことができると、「育ちなおすって何だろう」ということのイメージを皆さんにも持っていただけると思います。

子どもたちには、みんな育ちなおす力があります。自己治癒力といいますが、この育ちなおす力を高めるために、わたしたちに何ができるか。これが本当のテーマです。学校へ戻すために何ができるかではない。だからわたしたちは、子どもは何を悲しんでいるのか、何に苦しんでいるのか、何が不安なのか、そこを理解することが大切ですし、そのために、わたしたちカウンセラーを利用して欲しいと思います。理解できれば、子どもは現在を取り戻すことができる。そうしたら、フリースペースに行って、そこで友と出会って、子どもが未来を語るようになったらいいなと思います。そして、やがて、過去も全てワンセットになって、自分を語れるようになった時、もうこの子はどこに出しても大丈夫だ。そういう我が子として、育ちなおすことができる。これが不登校の解決についての本当のイメージです。

この前、埼玉県のある町に行ったら、「不登校の子どもたちには、『早寝・早起き・朝ごはん』が大切だ」というチラシが配られていました。早寝、早起き、朝ごはんをすれば、子どもは学校に戻るというのです。悲しいかな、今こういう事が、全国で行われているのです。不登校の分析も子どもの心の理解もここにはありません。これを子どものためにと親がやったら、はからずも子どもを傷つけてしまうケースも出てくると思います。そんなことも頭に入れながら、子どもはみんな育ちなおす力があるということを、しっかり学ぶことが大切です。そして、自分が産んだわが子を信じて、子どもが現在を取り戻せるようにしてほしいと思います。

2 親子関係で大切にしたいこと

――子どもの話をどう聞いているか　三つの聞き方

「育ちなおし」の力を子どもたちの中に育むため、日常の親子関係の中では、どのようなことを大切にしなければならないのでしょうか。

まず、子どもたちの話をどのように聞いているのか振り返ってみてください。

親が子どもの話を聞く時、三つの聞き方がありますが、そこから見ていきたいと思います。

そのうちのひとつは、「自分の知りたいことを聞こうとして問い詰める」ことです。これは、親は子どもの話を聞いているつもりなんですが、実は一番やってはいけない問い詰め型になっています。「あんた、今日の試験どうだったの」といって問い詰めてしまう。これは子どもにとっては、話したくないことを話させられるわけですから、この時の子どもは、実に簡略型の短い答弁をします。「別に」とか「大丈夫だよ。心配いらないよ」と。もっと詳しく話をして欲しいのに。親は、いろいろと心配なことを言葉でまくしたてながら、子どもを問い詰めていきます。子どもは段々言葉が少なくなってきます。そういう場面をずっとビデオでとっておくとわかることは、子どもの話を聞いているつもりなのに、ずっと親が話していて、子どもは聞かされているということです。実はこういう行き違いに気づかず、子どもの話を聞いているつもりが、実は問い詰めている。これが第一の聞き方なんです。

そして、第二の聞き方。それは問い詰めるのはやめて、自分の気持ちは友だちと話をして整理し、もうちょっと子どもの話を冷静になって聞いてみよう、と考え直すことで可能になります。そして、「お母さん、ちょっと知りたいんだけど、ちょっと話して欲しいな」と言って、あとは、子どもの言葉が出てくるのを待つのです。これはかなりしんどいことです。

そして、子どもがいろいろ話しはじめたとき、親は子どもの話が数分も続くと、段々と聞くのが辛くなってくるようです。焦ってくるんです。そして、「あんた、要するに何が言いたいの」と、聞いているつもりが聞き返してしまうのです。そうすると、子どもは聞くようなフリをしながら、本当は聞く気がないんだなということを察してしまって、ますます話さなくなってしまうのです。

そして三つ目の聞き方は、途中で問い詰め型に戻ったり、子どもの話の腰をおったりすることをしないで、子どもが話し始めたら、最後まで聞こうと心に決めて、ずっと聞き続けることです。これはすごい努力なんですけど、その親たちの話を聞いてみると、わが子の話を聞いていて、我慢できるのはたいてい四〜五分だと言います。

自分が話しているときは何分でも話せるのに、子どもの話を聞く時は、三分すぎるぐらい聞いていると、もう長時間聞いているような疲れをどっと感じるのです。そして、四分ぐらいたつと、お母さんの心には化学変化が起きるようです。その化学変化とは、助言と忠告の虫がざわざわざわざわ騒ぎ始めることです。三分から四分たって、子どもがひと呼吸おいたと思うやいなや、「ほら、だからお母さんはいつも言ってるでしょ」とか、「こういうときはああしてね、ああいうときはああしてね」と言い始めるのです。せっかく四分頑張って聞いたのに、それを言ったら全てが無になることに気づかずに助言と忠告を言ってしまいます。これを何回か繰り返すと、子どもはこう思うんです。「ああ、話すんじゃなかった」「話しても無駄だ」と。

こうして、子どもを大事に思っている気持ちも心配していることもわかるのですが、問い詰め型で聞いていけば、子どもたちは口をつぐんで、「ふん、別に」ぐらいしか、こたえてくれません。せっかく子どもが話し始めるまで我慢しても、不安がたってしまって、途中で押し止めて、「要するにどういうこと」と急がせてしまうと、子どもは、「あ、やっぱり話すのやめよう」と話さなくなってしまいます。

最後まで聞くつもりでも、化学変化がおきて、助言と忠告の虫がおさまらなくなると、「いつも言ってるでしょ、そんなときは、ああして、こうして、……」と言い始めるわけです。こうしてほとんど話をしないわが子と向き合うことになってしまいます。

――「話してくれてありがとう」

子どもが中学生ぐらいになり親との会話をほとんどしなくなったということはよく聞く

話しです。親として、子どもに対する助言と忠告は大事なことです。しかし子どもの話を聞くときは自分をコントロールして、もし子どもが二分でも三分でも話してくれたら、親にとっては長いと感じたとしても、「話してくれてありがとう」って言って欲しいのです。

お母さんが聞いてくれるので子どもが話してくれた。その中にはひょっとしたら嘘や偽りもあるかもしれない、事実と違うこともあるかもしれない。だけど、「お母さんにちゃんと話してくれてありがとう」そう言って欲しいのです。そうすると子どもは、話してよかったと思うのです。子どもの話がお母さんの聞きたいこととは大分ずれていたとしても話せる関係が育つのです。

そうすると、そのあと「この前、お友達と会ったときにね……」と、話したりしてくれる。この話す関係を育てるために、自分の知りたいこととはちょっとずれていたとしても、「話してくれてありがとう」という気持ちを大切にして欲しい。そして、それにひとことだけ付け加えていい言葉は、「それで、なんかお母さんに聞いておきたいことはないの？」という質問です。

そして、「うん、こういうときはどうしたらいいかな？」と尋ねてくれたときは、助言と忠告をどんどんやってください。子どもは尋ねているのですから、尋ねているときは、聞く構えができているから、そのときは話していいのです。これがカウンセリング的な聞き方と話し方です。カウンセラーとしてわたしがクライアントの話を聞くのは一時間半くらいです。四分ではないです。なぜ一時間半聞けるかというと、聞く訓練をするからですが、その話を話し手の身になって本気になって聞くのです。そのことがわかると、もっと話してくれます。そして、話してくれたときに、「よくぞここまで話してくれましたね。こんなに信頼してもらえてありがたい」と感謝の気持ちを伝えます。そして「いま話したことでも、それ以外のことでもわたしに尋ねたいことがあったら、いま聞いてみませんか?」と尋ねます。

そして、「こんなときはどうすればいいんですか?」と聞いてくれたら、わたしが今しがた聞いたばかりの話について感じたことを、正直に話すことができる。だから、こちらが話すときは、向こうが聞く構えをもったとき。向こうが話す構えで話しているときに、中断して助言と忠告を始めれば、クライアントは心が裏切られた感じがするわけです。

こうして、話し終わったときは、ちゃんと聞いたよという意味を込めて、「話してくれてありがとう」と言います。不登校の子が母親と一緒に来てくれたときは、「お母さんに、なんか聞いておきたいことや言っておきたいことないの?」と言うことが多いです。そうすると、「うん、実はお母さん」と話し出して「前から、言いたかったんだけど、こういうときには、こういうことは言わないで欲しい」などと話してくれるのです。

これは親の心に入るのです。そうでないとき、聞く構えがないときは、気づかぬままに跳ね返しているのですが、そうすると子どもは、段々と心を閉ざしていきます。子どもがやっていることが親の目からみて心配なこと、不安なことがあっても、子どもと対話が成立しているうちは大丈夫です。

この対話を成立させるということが、青年期の入り口、思春期の後期に入った若者との関係をつくる上で一番大事なことであって、そこで話してくれている子どもの姿を「ありがとう」という思いで聞いて欲しい。それでもどうしても話してくれないときは、信頼できる先生に相談することが必要です。「あの子のこと心配なんです。わたしはこう思うんですが、先生どう思いますか」と。子どもを問い詰めて、子どもとの関係をこじらせるよりは、むしろ先生と対話をしながら、「あ、親としてこういうことを気をつけていこう」と自分の考えを深めていくことのほうが、回り道だけれど、子どもを追い詰めずに、対話できる関係をつくっていくうえで大事な配慮だとわたしは思います。

その意味で、友だちの存在がすごく大事ですし、先生との信頼関係が大事です。それでも解決できないときが、カウンセラーの出番です。そういう苦労を踏み締めながら子どもを支える親になって欲しい。そうすることで、ちょっと不安なことでも、子どもは道をはずれることなく、まともに育ちなおしてくれる。これがやはり子どもを信ずるということだと思います。

そんな思いを込めて、ひとつのキーワード「聞く」ということの中に、三つの「聞く」ということがあることを理解してほしいです。

――怒ることと叱ることとの違い

「わたしの叱り方、ほめ方、これでいいのだろうか」と不安を持っている親がたくさんいます。

みなさんは自分の子どもをどのように叱っていますか？　しっかりと叱れる親になっているかどうか、今、問われているのです。叱るということは教育学や心理学の世界ではすごく大切なことなのです。

子どものカウンセリングをしてよくわかることは、ちゃんと叱れる、叱ってくれる親を子どもはとってもうれしいことなのです。自分をほめてくれる親だけではない。叱ってくれる親が子どもは好きです。

ただ叱ってもらえている子どもは非常に少ない。むしろ怒られている子どもが多い。叱ることと怒ることの違い。それは、かつては先輩たちの子育てを、間近で見ながら自然に身につけていたことです。しかし、今は、こうやって学びながら自分の中で整理していかなければならないのです。

叱ることと怒ることはどう違うのか。これをちょっと整理すれば今日からわたしたちの子育てが変わります。

怒るというのは自分の子どもの様子を見てイライラして、「何でなの、この子はまた」そう思ったときに、そのイライラを自分の中で持ちこたえることができなくなって爆発させることです。そのときに、子どもにぶつけている声は、子どもの側からすればまさに怒られていると感じます。

学童期でもそうですが、思春期になるとその怒る声を聞いたときに、親の気分しだいで爆発していると思うのです。この前はあそこで爆発したと思ったら今日はここで爆発しているとわかっています。親は結局気分で怒っているんだ、と子どもが感じるようになると、親に対する尊敬の念が薄れていきます。

親が自分の感情、イライラしたときの気分を爆発させること、これを怒るといいます。子どものたちの命の危険にかかわるときは、アレコレ考えてはいられないから怒るも何も含めてやらなければなりません。

ただ日常の子育ての中で、ちょっとイライラしたとき、ちょっと自分の虫の居所が悪いとき、それを爆発させて子どもにとげのような言葉を向けてしまうと、子どもとの関係がだんだんしっくりいかなくなります。

怒ること、それだけを続けるその子育てを卒業して、叱れる親になりたいと思いませんか。

では叱るというのはどういうことでしょうか。

子どもたちが思うようにならないとき、子どもたちを見てイライラするとき、この子どうしてこんなことをするんだろうと少し考えてみる。そしてもしも学童期の子どもや、思春期の子どもであれば、考えるだけではなくて、「お前どうしてそんなことをするんだ」と子どもに聞いてみる。子どもは少し年を重ねれば、屁理屈でも何でもとにかく言い訳します。

「何でお前はこんなことをするんだ」と聞けば、「だってみんなしてるもん」とか、子どもはそういう屁理屈でもって親の問いに答えようとします。大事なことはそれがたとえへ理屈であろうとなんであろうと子どもの気持ちをきちんと聞くことです。

そうやって聞き取ること、または何でこの子はこんな風に親がイライラすることをするんだろうとちょっと立ち止まって考えてみることが叱ることの前提です。子どもが特に屁理屈でも何でも言ってくれたときはそれをちゃんと聞き取って、「そうか、だからお前はそういうことをしたのか」と受け止める。言い分を聞き取った上でやってしまったことや態度についての過ちを厳しく注意する、これが叱るです。

「だけどお前のやったことは……見てみろ、うちの中がこんなにぐちゃぐちゃになっているじゃないか、これからお母さんがこれを片付けるのはどんなに大変か、お前の気持ちはわかる、だけどお前のやっていることはちょっと許すことができない、そういうときにはきちんと罰を受ける必要があるよ」とそういって子どもの手をばちっとたたいたり、あるいはお尻をぱちんとたたいたりするということはあります。

これは感情の爆発ではなく、子どものやることには何か意味があるに違いない、と考えてそれを子どもにたずねたり、考えたりする。その上で、お前の気持ちはきっとやり切れなかったんだろうと思う、ただやったことやその態度を許していたらお前は賢い子に育たない、だからちゃんと罰を受けなければならない、といってぱちっとやる。これが叱るであります。

叱ると怒るの違い、このことがわかるようになると、わたしたちは自分を叱ってくれる大切な親と感じる子どもとのいい関係を作ることができます。

一言で言えば、かっとなって怒るというのは怒ることです。自分の気分感情で怒るんです。叱るというのは、話を聞いてから注意する。話を聞いてから厳しく注意することなのです。

この違いがわかるようになると、お父さんの子育ても変わってきます。

お父さんはたいていカッとなってつい、ガツンとやってしまうことが多いです。それで親父の役目を果たしていると思い込んでいるところがどこかにあります。

でもわたしはやっぱり、お父さんがそこで一呼吸おいて、「お前どうしたんだ」と子どもの話を聞いて、そうか、それはそれでお父さんにもわかる。自分が子どものころそうだった。だけどそれはやっちゃいけないよといって子どもに厳しく指導することが大切だと思うのです。

父親がこういうふうになれたとき子どもはとても落ち着くのです。自分の話を聞いてもらえて厳しく注意される。こんなふうに叱ることができる親になる。これが子育てを通して親になることです。

「ほめること」の二つの意味

次に、ほめ方の問題です。ほめ方がわからないという親の声もよく聞きます。皆さんは子どものことほめていますか？　ほめて育てようという言葉があります。だからしきりにほめる人がいるのですが、それでよいのでしょうか。

ほめ方というのもまたとっても大切な子育ての方法で、これも昔の子育てをずっと見てきた人なら見抜くことができるのです。

ほめるという言葉にも二つの意味があるのです。

多くの場合、親が子どもをほめるときには、自分がやってもらいたいことをやったときにほめるのです。すなわち自分の価値観や期待を子どもに伝える方法としてほめることが多いのです。いつもいっていることをちゃんとやったからほめる。もちろんこれはほめ方のひとつです。

でも本当の意味で子どもをほめる、子どもを伸ばすほめ方というのは、自分の価値観、期待通りに子どもが動いたときにほめるというほめ方だけでは十分ではありません。

子どもが長所を発揮したとき、その子らしさ、自分の期待や価値観とは別にその子の持っているよさが出てきたときに、「お前のそこは本当に素敵だね」といって子どもをほめる。これがもうひとつの、ある意味ではもっとも大切なほめ方です。

子どもの長所をほめる、これができるようになると、子どもたちは非常に自信を深めて、自分から伸びていきます。

――ピアニスト辻井伸行さんの場合

既に感覚器官の発達のところで触れましたが（七六頁）、ヴァン・クライバーン国際ピアノコンクールで優勝した、辻井伸行さんのことが、一昨年話題になりました。とても快挙だとは思いませんでしたか。

全盲のピアニストと言わないで。ピアニストと呼んでほしい。そんなふうに後で彼が言っていることを知りました。

わたしはこの辻井さんのことを書いた新聞記事を読んで本当に素敵だと思ったし、辻井さんの演奏をCDで聞いてやっぱり素敵な透明な音だなあと思いました。

そして辻井さんのお母さんの子育てから学ぶことは多いと思いました。なぜなら生まれながらにして目の見えない辻井君はできないことがいっぱいあります。本当にいろいろなことで手間がかかったでしょう。

でもこのお母さんは、この子の一番優れているところ、一番素敵なところ、そこに目を向けてそれを育み、それを励ますこと、これを子育ての基本にすえたのです。

それが目が見えないその子が、音の世界で世界一流といえるところまで成長していった秘訣だと思いました。

子どもの長所、子どものよさをほめるとどこまで伸びるかわかりません。そのひとつの典型です。この辻井さんの快挙を祝うように書いた朝日新聞の天声人語を紹介します。

「録音を何度も聞いて曲を覚えるという。耳で吸収した曲は熟成され、天から降ると称される響きで指先に躍り出る。

目が見えた場合と比べるすべはないが、音色だけ見えているかのような集中は、不利なことを有利なことに転じる丹念をしのばせる。

　辻井君が生まれた二十年前、ご両親は生まれてきてよかったと思ってくれるだろうかと悩んだ。やがて母親が台所で口ずさむ歌をおもちゃの鍵盤で再現し、同じ曲でも演奏家を聞き分ける彼の姿を見た。

　その才能を、長所をいち早く見抜いたのが親の愛だ。かつて息子が一度だけ目があくならお母さんの顔が見たいと口にしたそうだ。母は今わたしに生まれてきてくれてありがとうと涙を流す。できないことではなくできることを見つめ続けたご褒美。それが辻井君の受賞だ」

　この天声人語の言葉は本当に子育ての本質をついています。

　目が見えないとできないことがいっぱいあります。それをできるようにさせようとする、できないことをできるようにさせようとする子育てではなく、この子の得意なこと、この子のできること、そこをしっかりと励まし伸ばしていこうとすると、一人ひとりの子どもはみんな優れたものを持っていますから、そこが伸びていくんです。

　それがこの辻井君のすばらしい才能を花開かせていき、それが受賞にまで結びついた、こういうことはほかの世界でもいっぱいあります。

――子どものできることに目をむける

発達障害を持っている子どもの特性を親がちゃんと見抜いていくことによって、すごい才能を開いていくケースが山ほどあります。

ある方は、お子さんが幼稚園のときも学校に入ったときも、人間関係がうまく結べない、あとで広汎性発達障害と診断された子のお母さんでした。

このお母さんは、すばらしかったです。友達とうまく遊ばせようとか、いろんなことをさせようということではなくて、この子が何に関心を持ち、どんなときに輝くかをちゃんと見ていたのです。

その子が時計の数字などにすごく敏感に反応する子だったらしいのです。「ひょっとしたらこの子数字遊びが好きな子なのかな」そんなふうにその子とかかわっていくと、その子が数字の世界に入るとすごく集中することがわかったのです。

そして友達とぶつかったときはどうしたらいいか、叱るのではなくて、お母さんはその子の特徴を丁寧に見ながら、「こんなときにはこの子の肩をぽんとたたいたらこの子は静かになりますよ」とか、その子の特徴をつかんで対処方法を見い出していきました。

しかもそのお母さんが偉かったのは、一人遊びや友達と遊んでいる場面をずっとビデオにとってその子の特徴まで分析したのです。中学校に進んだときには、困ったときにはこの子にこんなふうに声をかけてくださいと一覧表を作って先生にお渡しするといったことまでやりました。そこまで子どもの特徴をしっかりつかみ、そして子どもの特性を伸ばす、そういう子育てをした方です。

彼は、小学校四年生で中学校の数学をすべてマスターしてしまい、中学校二年生で高校の数学すべてマスターしてしまいました。ほかにできないことはいっぱいあるけれど、そこに目を向けるのではなくて、その子のできることに目を向けてそこを大事に励ましていったのです。

その結果この子は高校を出たときに大学の数学がほとんど終わっていたそうです。それでいま彼は京都大学の大学院で数学の研究をしています。

このお母さんは、その子のビデオをずーっととり続けて、広汎性発達障害という障害をもつこの子の場合はこういう特徴があるとしっかり研究し、そのことについて論文を書きました。

とても貴重な長い年月にわたる調査に基づく広汎性発達障害について論文を書いたのです。

今、このお母さんは金沢大学の准教授になって広汎性発達障害について学生たちに教えていらっしゃるそうです。

こんな例は決して多くはないでしょうけど、ここでわたしたちが学ぶべきすごく大事なことは、できないことに目を向けて、そこを何とか治そうとエネルギーを注ぐ子育てではなく、わが子は何が得意なのか、何ができるのかそこをしっかりと見つめてそこをほめること、そこを励ますことです。それを中心にしながら、この子はどうやったら困難を乗り越えていくことができるのかをもう一つの目で見ながら子どもたちを励ましていく子育てです。

実はほめて伸ばすというのは自分の期待にこたえたときによくやったといってほめることが本当の意味ではなくて、その子が得意なこと、その子の長所を見つけてお前はここがすばらしいとほめていくと伸びますよということなのです。

子どもが二人いればそれぞれの長所は違います。一人ひとりみな違いますからその長所、個性を見抜いてそこを励ます。これをご両親で、それこそ意思を統一して、子どもたちを育てていくことができれば、子どもたちは本当に一人ひとりが持っている能力を伸ばすことができる。これが子育てなのです。

「育て方がわからない」育て方への不安をもってらっしゃる親はとても多いです。しかし、日々の生活はスマートにはいかなくても、今言ったことを頭において、怒ることと叱ることの違いを知り、ああ、今日わたしちょっと怒っちゃったかしらと反省するようなその基準をこうやって学んでいただき、今度はちゃんと叱れる親になろうと、そんなふうに努力を重ねていくことによって、子どもとの距離が信頼関係でずいぶんとちかくなります。

そしてわたしたちは子どもがその子が持っている持ち味、個性と特徴を伸ばしていく子育てへと子育てを変えていくことができるのです。

3 孤独感と攻撃衝動を乗り越える力

――「学校が恐いんです」

友達との人間関係に悩んでいる子どもが増えています。トラブルがない場合でも、人間関係に疲れを感じているケースもあり、子どもたちから交わりの力の育ちを奪う社会の問題が深刻であることを示しています。相談を通して出会う彼らの話を聞いていると、まるで学校そのものに恐怖を感じているのではと思わされることが少なくありません。

ある中一の男の子は当初、母親と一緒に相談に来ていましたが、長い沈黙の後に「学校が怖いんです」と話してくれました。「そうなんだ。学校に行くと〝怖い〟って感じるんだね」と聞き取りながら、「学校が怖いってどういうことか、もう少し教えてもらえないかな」と尋ねてみました。すると、彼は「休み時間が怖いんです」と話し始めました。

わたしの子ども時代は、休み時間があったから学校に行ったようなもので、「授業さえなければ学校は楽しいのに」と思っていたので、彼の言葉は強く印象に残りました。「学校が怖い」という彼の言葉は、休み時間に訪れる怖さを表現したものだったのです。そして、彼はその意味をこう説明してくれました。「授業中は先生がいるからいいけど、休み時間になると先生がいなくなるから怖いんです。友達が僕に何をするか分からないし……」と。

だから休み時間には、自分の気配を消して時間が過ぎるのをじっと待っているのだそうです。ふざけ合っている友達が関わってくるのを怖がっていたようです。そのうちに友達の声が自分を非難している言葉のように聞こえてきて、ついに学校に行けなくなってしまったのだそうです。これを人間関係に悩む子どもたちの典型だと言うつもりはありませんが、しかし今の子どもたちの中には、学校の中での人間関係に大きな不安を感じ、孤立している子どもがいることを知っておく必要があると思うのです。

しかも「学校が怖い」とその子が語り出すまで、どれだけ長い沈黙の時間を過ごしたかということにも大切な意味がありました。はじめから何回かは、お母さんだけが話し続けるカウンセリングでした。その何回目かに彼に、「お母さんがいないほうが話しやすいかな？」と尋ねてみました。すると彼は、「う…ん、大丈夫です」と言って先の一言を絞り出したのです。それは長い沈黙の後に訪れた貴重な一言で、とても重要な瞬間だったと思います。その後、「できたら、今度一人で来てみない？」と誘ってみると、その次の回から一人でやってきて、自分の思いを少し詳しく話してくれるようになりました。

その沈黙の時間は、わたしが彼を受け容れるのに必要な時間ではなく、彼がわたしを受け容れるために必要な時間でした。そして、この場合もそうでしたが、交わりの力がまだ十分に育っていない子どもが沈黙の壁を破って話し始めるのは、母親がわたしとの信頼関係を築き上げた少し後のことだったのです。それは永年の相談経験が教えてくれた一つの法則でした。

――「ヘルプを求める権利」

心の中に沈殿したつらさや怖さはなかなか人には言い出せないものです。子どもたちがそれを打ち明けてみたいと思える人が、学校や学童保育にいたとしてもなお、話し始めるのは容易なことではありません。それは自分の弱さをさらけ出す不安と闘うときであり、話した後の聞き手のリアクションに大きな不安を感じるからです。

そこで大切なことの一つは母親との信頼関係を築くことですが、もう一つは「ヘルプを求める」ことが大切な人権であることを教師やまわりの大人たちが知ることです。そのうえですべての子どもにその大切さをどう伝えていくかを考えなければなりません。

わたしたち大人は子どもがせっかく〝ヘルプ〟を求めてくれたときに、「そんな弱いことでどうする」とか「やり返してこい」とか「もっとがんばれ」と言って突き放すことが意外に多いものです。子どもの思いに目が向かず、励ますことが大事だと考えているからだと思います。「ヘルプを求める権利」が大切な権利であることを子どもに伝えることは、多くの大人にとって決して簡単なことではありません。

さらに子どもたちは、誰かに相談したことがわかったら友達の中で「チクった」やっと非難され、さらに激しいいじめに遭うかもしれないと考えています。

「チクった」と責める子どもにも、何も相談できない子どもにも、共通しているのは「ヘルプを求める権利」が人間にとって大切な人権だということを教えられていないということです。

たとえばわたしたち大人は、誰かが強盗に遭ったり、ストーカーのようにつきまとわれたりした時に「警察に行ったら『チクった』と言われてもっとひどい目に遭うかもしれない」と助言するでしょうか。違法なことや人権侵害に直面したとき、警察や弁護士あるいは信頼できる機関に相談することを、わたしたちは当然のことだと考えているのではないでしょうか。しかしいざ自分のことになると、助けを求めて相談することは大人にもむずかしく、自ら命を削る人が少なくありません。大人自身が「ヘルプを求める権利」を生活の中で行使することに慣れていないのです。だから子どもたちの中にも、いじめられて死ぬほど苦しいのに、誰かに助けを求めることができない場合がかなり多いのです。

子どもたちにその権利を伝えることは決して容易ではありませんが、それを自覚しつつ、機会があるとわたしはこんなふうに子どもたちに話してきました。

「なんでお巡りさんがいるか知ってる？」

「危険な時や怖い目にあった人を助けるためにいるんだよ。それは『助けて』と言うのが、大人にとっても大切な権利だからなんだよ」

「怖いときや苦しいときに『助けて』と言うのは子どもにとっても大切な権利だし、それを『チクった』と言って責めるのはとても卑怯で恥ずかしいことなんだよ」と。

こうして、もしも子どもたちにこの権利をしっかりと伝えることができれば、苦しいときに「あの先生に話してみようかな」と思えるようになるし、勇気を振り絞って「僕はいま、いじめられてるんだ」「こんないやなことがあるんだ」と言える子が増えてくるに違いありません。

学童期に群れて遊ぶ機会が激減し、受け身で便利な生活スタイルに変わる中で、子どもたちは、ケンカという形で自己を主張したり、トラブルを解決したりする力を十分に育てることができていません。そのうえ、つらいときに助けを求めてもいいのだということを知らないのですから、自分で抱え込んだ苦しみで心を病む子どもが増えても不思議でありません。みなさんが「あの子、どうしたんだろう」と感じる子どもの中に、恐怖を抱え込んで孤立し、相談ができないケースが非常に多くあるということを、ぜひ知っておいていただきたいと思います。

――子どもを守る「心のブレーキ」

ここまでは、心に苦しみを抱きながら、それを誰にも言えず苦悩を深めてしまう子どもに焦点を当てて述べてきました。しかし他方で、子どもたちの中には、抱え込んだ苦悩を一気に暴力的に吐き出す子どもがいることも確かですし、逆にそれを自分の中で解消し、自分をコントロールする力を備えた子どもたちもいることも確かです。そこで次に考えたいのは、子どもが持つ自己コントロールの力とは何かということです。

犯罪統計が示す日本の少年犯罪の少なさは、子どものストレスや苦悩の少なさを現すものではなく、ある意味で自己コントロールの力を持った子どもの多さを示していると見ることも可能です。それは、苦悩を抱えながら〝健気にがんばっている子どもたち〟と表現できるでしょう。ではそのがんばる力とは一体何なのでしょうか。それを知ることは、今日の社会で子どもたちが何を支えにして苦悩や不安と闘っているかを知ることになりますし、同時に、内向的な子どもからの必死の〝ヘルプ〟に応えるときにも重要なヒントになるはずです。

その力は子どもたちが獲得している「心のブレーキ」と表現することができ、それには次の三つの種類があるとわたしは考えています。一つは「愛着の対象の獲得」、二つ目は「親友の獲得」そして三つ目は「夢を持つ力の獲得」です。まずその中から「愛着の対象の獲得」について述べてみたいと思います。

――「愛着の対象」

子どもたちは、たとえ爆発しそうな怒りの感情を抱いたとしても、「心のブレーキ」でそれを抑えることが多いものです。その中で一番大きなブレーキが「愛着の対象」です。その「愛着の対象」は母親であることが多いと言われていますが、もちろん、父親のときもあるでしょうし、幼少期に自分を大切にしてくれた保育士や学童保育の指導員の場合もあります。つまり「愛着の対象」を獲得するとは、自分にとって大切な人のイメージを心の中に取り込むことです。そのイメージを抱いている子どもは、様々な困難にあってもキレる前に立ち止まることができると考えられています。

お笑い芸人「麒麟」の一人である田村裕さんが書いた『ホームレス中学生』（ワニブックス）という本は、それを考えるときにとても参考になります。

その本によると、田村さんのお母さんは癌になって帰らぬ人になりましたが、その後お父さんも癌になってしまい、二度目の手術が終わって会社へ戻ったら、大企業である会社に「もうあなたは必要ない」と言われてしまったそうです。今の大企業の残酷な労務政策に直面したのです。お父さんは、奥さんを亡くし、自らも癌になったうえに会社からクビにされたのですから、きっと冷静な判断ができなかったのでしょう。彼は子どもたちを呼んで「本日で我が家は解散する」と解散宣言をしたのです。

それから田村さんは、公園にある滑り台の下をダンボールで囲ってホームレス生活を始めました。食べ物がないときには自動販売機から取り忘れた釣り銭を捜したりして生活していたそうです。彼はお母さんが作ってくれた大好きなカレーと湯豆腐を、時々思い出していたそうですが、空腹に耐え難くなったある日の様子を次のように書いています。

「草にも飽き、ダンボールが食べられないことも知り、お金を探しても見つからず、空腹に限界を感じたその日、まだ昼間でお兄ちゃんが働く深夜までかなりの時間があったが、何かの間違いでお兄ちゃんが昼からコンビニに居ないかと、（お兄ちゃんのバイト先のお店に）フラフラ足を運んだ。

もちろんお兄ちゃんは居なかったが、僕の望んでいる食べ物はいっぱいあった。

（略）体力の限界がきてパン売り場の前にしゃがみ込んだとき、店の人から死角になっていた。

こんなに腹が減っているのだから一個ぐらい盗ったってバチは当たらないだろうと、いけない考えが浮かんできた。かなり葛藤した。

お兄ちゃんの働く店だからという考えは一切浮かばず、ただ罪を犯すか犯さないかで迷っていた。

腹の虫と理性が戦っていた。

そのとき、お母さんの顔が浮かんだ。

もしお母さんが見ていて、そんなことをしようとしていると知ったら、どんな顔をするだろうか。

それを考えると、とても盗む気にはなれなかった。

腹の虫が負けた」［（ ）内は筆者］

これを読んだとき、わたしはこれこそ「愛着の対象」による「心のブレーキ」だと思いました。彼の心の中にお母さんのイメージが住み着いており、空腹と戦いパンを取るか否かで葛藤していたときにその姿が心に浮かび、「こんなことをしたらお母さんが悲しむだろうな」と感じて、罪を犯す前で踏みとどまったと思ったのです。

つまり、世界的に見て日本の少年事件が少ないというのも、ここに一つの理由があると考えられます。子どもの問題で批判の的にされることの多い母親たちですが、じつは懸命な子育てを通して、わが子の心の中にしっかりと自分のイメージを住み込ませるほどに、子どもたちを愛しんでいると言えると思うからです。

それゆえにわたしは、日本の若い母親たちに「あなたたちの努力はすばらしい」とエールを送ることが、とても大切なのではないかとつくづく思います。

――親友―「チャム」―の存在

凶悪な事件を起こしてしまった子どもや青年たちの生い立ちを調べてみると、事件の一歩手前で踏みとどまった子どもや青年たちとの間に決定的な違いがあります。その違いの第一は愛着関係があるかないかということでしたが、その次に大きな違いは「親友がいるか否か」ということです。ここで言う親友とは、ほとんどの人が小中学生の時に出会う、人生で最初の心が許せる友人のことです。それは同性の友人であり、性格や趣味が似通った一～二名の特別の友人をさしています。

その親友を「チャム」と名付け、精神発達上の重要性を強調したのはアメリカの精神科医サリバンでした。日本では精神医学者の笠原嘉氏が『青年期――精神病理学から』（中公新書）という本の中でこの「チャム」を紹介し、「チャム」の役割と重要性について述べています。「チャム」は先にもふれたように、思春期の前段階である前思春期（一〇〜一二、三歳）のころに成立する人間関係ですが、青年期や成人になってから精神的な困難を抱えて暴走したり病を得る人の中に、「チャム」の経験のない人が多いことにサリバンは気づいたのです。

前思春期と言われるこの年齢は、第二次反抗期とも重なっています。それはそれまで「よい子」だった子どもが、屁理屈などを言って親の言うことをきかなくなる時期のことです。「よい子」だったわが子が「悪い子」になったのではないかと多くの母親が心配し始めるのもこの頃です。たとえば、学童保育でも四年生（一〇歳）から五年生（一一歳）くらいになると、友達との遊びを優先して、学童保育から足が遠ざかる子どもが増えてきます。指導員さんたちはそれを大変心配して、何とか来てもらえるようにと、遊びや行事づくりに苦心することが多いものです。それは子どもの中に葛藤を生み出す非常に貴重な努力ですが、子どもたちは、親や指導員の呼びかけを拒否する自分に迷いを感じながらも、友達と過ごすことにより大きな魅力を感じるようになるのです。

この時期の親友がいかに重要な存在であるかをわたしたちは理解する必要があります。

その親友の存在によって、子どもたちは親や指導員に反抗する勇気と力を得ることができ、その反抗による心の葛藤を通して、親からの精神的な自立（精神的離乳とも言います）を始めることができるからです。親友は親や指導員に反抗する自分の心の支えであり、同時に反抗の暴走をたしなめるブレーキの役割も果たしてくれる存在なのです。

前思春期の時期ならば、親への反抗といってもかわいいもので、小さな反抗や心の葛藤で済みます。しかし心身の力が大きくなった青年期以後の反抗となると、大きな精神的困難が伴うことが少なくありません。つまり、「チャム」の形成を経験できずに成人した人の中には、親への依存から抜け出すことが難しく、心の葛藤が精神的な病理にまで行き着く人が出てくるということです。親友を持つことは、人間の心の成長にとって非常に大切なことなのです。

――親友―「チャム」――をつくる力が育つには

そこで次に重要なことは、「チャム」を形成できる力はどうしたら育つのかということです。じつは、親友ができる子どものほとんどは、六歳から一〇歳頃までの間に「ギャング」を経験しています。「ギャング」は人数がけっこう多く、野球や鬼ごっこなどができる男女入り交じった友達のことであり、いろんな遊びや悪巧みに熱中するグループです。そして、自分たちの基地（テリトリー）を作って他のグループと張り合ったり、「大人に知らせてはならない場所」として自分たちの世界を楽しむのです。一方で、「ギャング」を経験する機会を奪われた子どもの中には、いろいろな人との心の距離を取ること、すなわち人間関係を調整する「交わりの力」が乏しい人が育ちやすいと考えられます。

このように、「ギャング」時代には、多様な趣味や性格の子どもが集まりますが、それは遊びを楽しむために人数が重要な意味を持つからです。ところが「ギャング」を経験した子どもが前思春期になると、人数よりも趣味や性格に関心が移り始め、男女は別々になり、自分と似通ったタイプの子どもと「チャム」を作るようになるのです。学校では多人数の中で生活しているように見えても、小学校四、五年生くらいになれば、少数の気の合う者同士で過ごすようになるものです。その頃には親との会話が減り始める子もいますが、それは自分と似た親友の言葉に自分の心を重ねて自分を確かめ、親からの精神的な自立を始めていることを意味します。

学童期の子どもに関わる親、教師そして学童保育の指導員たちは、主に小学校の低学年から中学年にかけた「ギャング」時代の子どもたちを世話し、見守る、本当に大変な仕事をしています。そして学童期の生活が、今日の社会において子どもに「ギャング」を経験させることができるか否かは、きわめて重要な問題になっていることはおわかりいただけると思います。

しかし、学童期の子どもたちがさまざまな経験を積むには、「ギャング」たちの遊びが発展する条件として、集団の適切な規模というものが問題になります。子どもたちの人数は、二〇人くらいが好ましく、四〇人では集団として多すぎると言う人が少なくありません。好ましい人数は、集団を維持する子どもたちの力や見守る大人たちの指導が及ぶ範囲から言われることが多いのですが、野球をするのには一八人以上、サッカーをするとなれば二二人以上必要と考えると分かりやすいかもしれません。

さらにまた、遊びが成立する地域的な条件も問われなければなりません。本来は、近くに公園があったり、広場や河川敷があれば、子どもたちはそこを舞台として、大いに遊ぶことができます。「ギャング」をしっかりと経験して、「チャム」を築くことができた子どもたちには、思春期や青年期になったときに困難や不安に直面しても、負けずに乗り越えていくことのできる力が養われていきます。「交わりの力」を育てるためには、「ギャング」

を経験し、「チャム」を形成する力を育てることが大切なのです。

もちろん「チャム」の形成は人間関係の育ちの終点ではありません。子どもたちが成長して思春期になると、クラブやサークルの活動を楽しむことができるようになります。それは複数の「チャム」が集まった「クリーク」(仲間)へと成長した姿だと考えられています。このように、子どもたちの人間関係は質を変えながら成長していくのですが、その土台とも言える経験が「ギャング」の時代なのです。

――社会的本能　夢を持つことの意味を捉え直す

つぎは「社会的本能」と呼ばれる三つ目の心のブレーキについてです。それは「人の役に立ちたい」という思いですが、その思いは誰もが生まれながらに持っているものであるために、「本能」と呼ばれています。青年期になって人の役に立つことに幸せと喜びを感じられる人は、人間として豊かに育ってきた姿だと言えるのです。

しかも「社会的本能」は、子どもが自分の夢や将来の仕事を考えるときに非常に大きな役割を演じる力です。たとえば以前から、シュバイツァーの映画や伝記を見て病気で苦しむ人を救いたいと考え、医師をめざす人は少なくありませんでしたし、病院で働く看護師さんの姿を見て、病と闘う人を支える看護師になりたいと思う少女たちもたくさんいました。それは自分の中に育っている「社会的本能」を原動力として、将来の夢を描くことができる子どもたちの姿です。そして将来の夢を持つことは、精神的な苦悩を持ち壁にぶつかったときに、破滅的な行動に走る自分を思いとどまらせる大きな力になります。

「社会的本能」は誰もが持っている力ですが、幼児期からその現れを見逃さずに育てることが非常に大切です。三歳くらいになると、子どもはしきりに母親の手伝いをしたがるようになります。たとえば食事の後かたづけをしているときに、「わたしもする」と言って箸や皿を運ぼうとするのです。しかし母親は心配で、一瞬悩んだ末にやめさせることが多く見られます。しかしそれは「お母さんの役に立ちたい」という「社会的本能」の現れですから、ただ「やめて」と言って制止するだけでは、「社会的本能」の育ちを阻むことになります。

そんなときには子どもの手伝いを受け容れて、「ありがとう。助けてもらって本当に助かったわ」と伝えるか、その気持ちを別の活動に向けて活かすなどの工夫が大切なのです。それは、「お母さんの役に立つ」喜びを実感し「家族の一員」としての意識を育むことであり、そのような生活によって「社会的本能」を伸ばすことが可能になるからです。

五〇年前の日本ではどの家庭でも、子どもの「社会的本能」を伸ばす生活を営んでいました。子どもの手伝いをあてにしなければ生活が成り立たないほど不便で、しかも、人間関係が「豊かな」時代だったからです。ところが生活がかなり豊かになり、電化が進んで便利になった今日、「社会的本能」を育てることが難しくなっています。さらに学力をめぐる競争が幼児期の子育てにも影を落とし始めているために、お手伝いをする子よりも手間をかけぬ「よい子」を求め、習い事や勉強をすることを子どもに求める子育てが急速に増えています。その子育てを通して「人のことより自分のことが大切」というメッセージが伝わると、子どもの「社会的本能」は打ち消され、「何でも人にしてもらって当たり前」という「消費者的本能」が育ってしまうのです。

いったん「消費者的本能」を身につけた子どもたちの中には、食事の時にただでさえ忙しい母親に、自分で身体を動かさず平気でおかわりを要求し、王様のように振る舞う子どもが見られます。また、社会や学校で荒れている子どもたちは「消費者的本能」の持ち主であることが多く、その本能ゆえに「周囲の人が思うように動いてくれない」と感じ、将来の夢どころか現在の不幸を嘆いて欲求不満の塊のようになっています。

悲しい事件に巻き込まれるのは、心のブレーキが極めて弱い子どもと青年たちです。そんな彼らに弱点を正そうとして助言をしても逆効果になることが多く、本人は自分の存在のすべてが否定されたと感じることが多いようです。そこにも「消費者的本能」の怖さがあります。ですから荒れている子どもに関わるときに大切なことは、過ちを正すより前に、「あなたがいてくれてうれしい」という気持ちを伝える言葉を届け続けることなのです。その思いが伝わると社会的本能が刺激されますから、子どもたちはやがて自分と人との関係を見つめ直し、自分の過ちを反省する力を取り戻すことができるのです。

エピローグ

「育ちなおす」ということ

――「オール1」だった先生

人はいつからでも「育ちなおし」ができます。愛知県の豊川市にある私立豊川高校の先生をしていた、宮本延春という方がいます。

この先生は中学校のとき、九九もわからず通知表がオール「1」でした。ご両親が亡くなった後、彼は中学校を卒業してから大工の見習いに入ります。でも仕事があわずに辞めて、職を転々としていました。

その彼が付き合っていた女性が一本のビデオを渡してくれたそうです。それは「光は波か粒子か」というアインシュタインの理論を解説したテレビ番組の録画でした。それが二十三のとき。それを見ているうちに、彼はアインシュタインにすっかり惹きつけられてしまったといいます。光のことを勉強したいと思っても、宇宙のことを勉強するためには、愛知県では名古屋大学に行かなければいけない。でも彼は九九もマスターしていない。そこで、彼女から九九を教わり、さらに豊川高校定時制に入ります。そして先生に、アインシュタインの理論を理解して、そしてこの宇宙のこと、光のことを勉強したいと夢を話しました。九九もできないこの若者がどうやってできるのか。先生たちは彼に必死になって教えました。

そして、彼は一九九六年四月二十七歳で、定時制を四年かかって卒業する年に名古屋大学の理学部に合格します。そしてさらに大学院に行って、宇宙物理学を専攻しました。その後「僕を救ってくれた豊川高校の生徒たちに恩返しをしたい。」ということで、彼は豊川高校の定時制で教師になりました。

このエピソードの中からは教育学を学んだ者として、いくつかの重要な問題を発見することができます。その一つは、学力は本人がその気になった時、何歳からでも取り戻すことができるという平明な事実です。

中学まで行って九九がわからなかったら一生わかるようにはならない、というのは事実ではありません。小学校で算数がわからなければその人は一生理工系の学問の道に進めないわけではありません。自分の経験をふり返った時、誰でも中学校で難しかったことでも、今なら簡単にできることがあることはおわかりいただけると思います。

人間の発達の前提には成熟というものがあります。体の成熟、そして様々な経験を積んで心が成熟していきます。そういうものを踏まえた時、わたしたちはかつてできなかったことで今できるようになることがいくらでもあるのです。それは今がどうでもよくて、成熟を待てばいいということではないけれど、今できないから、この子は将来もできないというものではないということです。

二つ目に大切なことは、この青年が学力を取り戻そうと思うこと自体がなぜ可能だったのかということにつながる問題です。つまり、どうせやってもだめだという学習に対する無力感をこの青年が持っていなかったと考えられるのです。これは別の言葉で言うと人間性がつぶされていなかったと見ることができます。

子どもを育てる時に大事なことは、いろんなことができるとかできないという能力の側面と共に、「僕は僕で大丈夫。僕もやればできるのだ」という自分自身を肯定する意識や達成感といわれる人格的な力を育てることです。

この視点からするとこの青年はこの人格的な力がつぶされていませんでした。自己肯定感や達成感がつぶされていなかったからこそ、アインシュタインの相対性理論をテレビで見た時に、「これは何だろう」という疑問がわいただけでなく、勉強したら僕にもわかるかなと思い、さらに、やってみたい、やればできるかもしれないと学習への思いがふくらんでいったと考えることができると思います。

それとは反対にそういう番組を見た時に疑問がわいたとしても「どうせわからん。あんなことは偉い人がするものので僕にわかるはずがない」と思ってしまったら、学習への一歩を踏み出すことなど到底できるはずがありません。

やはり大事なのは、「やればできる、僕でもやればできるかもしれない」という人間としての自己肯定感です。そういう力を子どもの中に育てることができれば、本当にその気になった時、九九から学び直して学力をとり戻すことができるということです。

三つ目に気がつくことは、この青年が私立豊川高校の定時制で学んだということです。この事実は彼の勉強が競争という仕掛けの中で手段として行われる勉強＝学習ではなかったということを意味します。定時制で学んでいる四年間、彼は一所懸命ではありましたがマイペースで勉強し、一つひとつわかることを積み重ねていったのです。本来の学びにとって一番肝心なのはこの〝マイペース〟です。

彼は、二十二歳で小学校の勉強からやり直した訳ですが、マイペースで勉強をして五年かけて大学入試の学力にまでたどりついたのです。それがこの青年のペースです。自分なりのペースを大切にしていけば、子どもたちは自分の力を確実に育てることができるということです。

――「育ちなおし」を可能にする学校

「育ちなおし」を可能にする学校がわたしの身近にあります。

大阪府河内長野市にある千代田高等学校です。

育ちなおしを本当に可能にする学校、それはどういう学校でしょう。

大事なことは、学校で「わからないから教えてください」と先生に言える学校、そして友だち同士で教え合える学校、学校を、勉強を、自分ひとりの、孤立した作業ではなくて、もちろん究極は自分の努力ですが、友だちとも教え合える、そんな学校が非常に大事だということです。千代田高校の教育を子細に見れば、もちろんさまざまな課題、問題点があります。『人間と教育』五四号（旬報社）という雑誌に、千代田高校の先生が詳しく書いてくれています。

「本校に通ってくる生徒の大半は、現代社会のさまざまなひずみの中で、傷つきながら生きている。経済格差は、教育格差、学力格差となって生徒たちを苦しめ、聞けば、小学校一年生のときに漢字テストで0点をとったことがトラウマになり、自分には障害があるのではないかと悩んできたという子がいる。字が書けないことの背景には、携帯電話の普及があることは間違いないだろうが、もっと構造的複合的にこのような生徒たちが大量に生み出されていることを感じる。板書を真面目にうつしている生徒でも、ノートとは提出し、点数を稼ぐためのものであって、書くことによって理解するためのものではなくなっているように思える」

こんなふうに、先生たちは子どもたちの様子をよく見ているのです。

「ここ数年、新自由主義に基づく政府の構造改革がもたらした生活の貧困と家庭崩壊にはすさまじいものがある。親の失業やリストラ、会社の倒産によって授業料が払えなくなって退学する生徒も決して少なくない。本校では、そんな生徒たちを前に、学力回復を第一義的課題として自主活動を展開するようになって三〇数年の歴史がある。青年期にある生徒たちに、いくら口をすっぱくして『勉強しなさい』と説教しても、『単位をやらないぞ』と脅してみても、また漢字や計算ドリルをいくら貸しても、生徒が自ら学力回復に立ち向かおうと努力しない限り、虚しい結果に終わることをわたしたちは幾度も経験している」。

大切なことは、内容を教える前に、どのようにしてやる気を引き出し、やる気に火をつけるか。この仕組みを、こういった子どもたちの前に一生懸命工夫しているのが、千代田の教育、そして大阪の多くの私学もその努力をしているのです。

そしてこの雑誌の中に、千代田高校の卒業式で、生徒が読み上げた構成詩、「学校・ここにある希望」の中の次の一節が紹介されています。

これを、子どもたちがみんな群読していくのです。

「学校ってほんま楽しいなってよく思う。最後のテスト前、英語の学習会、みんな真剣そのものだ。／英語は文型を覚える問題。第二文型、第五文型。どれがO？　どれがC？　英語の語順は難しい。elect と select はどう違う？　いいやん、大人の事情や。みんなで大笑いする。／できた！正解！、拍手が起こる。頭の中がすっきりしてきた。みんなでやった学習会のあと、四一番教室に行くと、大鍋二杯、山盛りのおでんができていた。聞くと先生たちが前の日から準備して、たまごの皮をむき、その日朝から煮込んでくれたのだと言う。わたしらに勉強させようと必死になってくれてるんやってジーンときた。／千代田に来て、先生のことを見る目が変わった。なんといっても面白い。……略……すべりながら、寒がられながら、生徒からむちゃくちゃ言われながら、それでもくじけず勉強を教えている。一度、『なんで先生そこまでするん？』って聞いたことがある。先生は、ハッキリとは答えてくれなかったけど、誰にも言えなかったような小学校時代のいじめの話を聞いてもらったこともある。『それはつらかったなあ』と言われて、胸のつかえがとれた。そんな先生がいるのをほかの学校の子に話すと、『先生と距離が近くてイイなあ！』ってうらやましがられた。それを聞いて嬉しかったし『イイやろ』って自慢してやった！」

こうして、教師との信頼関係を土台にして、子どもたちのやる気を引き出す。生徒同士が、得意なものは英語の小先生なり、算数数学の小先生になりながら、冗談を言い合いながら、「学びあうとわかる」、先生から教えてもらうと緊張してわからないけれど、学びあえるとわかるという経験をしながら、子どもたちは結構その中で力をつけていくのです。

こんな子もいます。

「中学のとき、いつも学校の隅っこでちいさくなっていた。中二からは、適応指導教室。オンラインゲームにはまって、一時間目から寝ていて怒られた。途中で学校に通うのがダルくなって、もう辞めようと思ったこともある。『もう消えてしまいたい』と自分で自分のからだを傷つけたこともある。わたしという存在がいったい何なのかわからなかった。でも、この高校に入って、友だちがいたからここまでこれた。卒業するのが寂しいと思うなんて、三年前は思いもしなかった。いまは、『これがわたしです』と胸を張って言える自分がいる。時々、今の自分を『この人だれ？』と思うぐらい、昔と違うなって思う。嵐吹きすさぶこの世の中で、勇気をもって本当のことを語りあう自由を与えてくれたこの学校、校舎はおんぼろだけど、力をふりしぼって教師と生徒を見守り続けてくれた」。

こうやって、子どもたちが群読していくのです。

わたしも昨年の卒業式に出席しましたが、父母席からすすり泣く声が聞こえ、壇上で詩を読みあげる卒業式運営委員会の子どもたちの声もいつしか震えていきます。学校を諦めていた生徒たちが、生徒会活動の中で一瞬の輝きを見せた姿が大型スクリーンに映し出されている。その映像に見入りながら、わたしも思わず胸にこみあげてくるものがありました。

これは、千代田の教育の本当に一部を切り取ったものです。

教育というものが、子どもたちに力をつけていくという営みは、ただ勉強をしろと言ったり、ドリルをしろと言ってできるものではありません。非常に熱い人間関係を作りながら、その中で子どもたちにやる気を起こさせる。「おれも結構できるじゃないか」と、そんな気持ちを子どもたちから引き出しながら、三年間かかって、自分はこんなことがしたい、こんなふうに生きたいんだと思える、そういう子どもたちに育てる。青年期の子どもたちにとって、自分の夢を見つける、自分のしたいこと、自分がいったい何者なのかということを子どもたちに考えさせる、そういう教育をするのが、一番大事な教育だと思うのです。

もちろん、点数をおろそかにはできませんが、点数で生徒を見ると、生徒が見えなくなります。その点数は、実は教師の評価でもあるわけですから。子どもがここができなかったのは、どうしてなのかなあ。点数で見るのではなく、どこがつまづいている、どこが苦手なのか、それを発見するのがテストの目的です。ひとつのテストで点数をつけて順番をつけて終わりという教育ではなくて、ひとりひとりの子どもの得手不得手を捉える機会として、試験も点数も大事だけど、それに決して目を奪われない、そういう教育が大切だと考えます。

あとがき

本書のタイトルは「子どもは〝育ちなおし〟の名人」です。ここに言う「育ちなおし」とは、単に元の自分に戻ることや、以前と同じ発達を繰り返すことではありません。

育ちなおしとは、自己否定や自責などの苦悩によってパニックに陥ったり立ち止まらざるを得なかった子どもが、その苦しみの中で今までの自分を見つめ直し自分の気持ちを整理して、新しい自分を見つけ出し、新しい歩みを始めることです。そしてわたしが子どもは育ちなおしの名人だと気づいたのは、親と子どものカウンセリングを通して、苦悩を乗り越えて歩み出した数多く子どもたちに出会ったからです。

本書で紹介させていただいた事例のほとんどは、そうした苦しみを経験して心傷つき葛藤した子どもたちの声であり、わが子のただならぬ苦しみに出会って、自分と自分の家族のあり方を見直した親たちの自己変革の歩みです（事例は個人が特定されぬように基本的な流れを維持しながら内容を若干変えてあります）。そしてわたしが出会ったほとんどのケースでは、子どもの育ちなおしを支える最良の援助者は親、とくに母親でした。それは恐らく子どもに備わった自然の力が、母親の自己変革による母子関係の作り変えによって復元力として発揮されることを示しているのだと考えています。

また臨床教育学の研究者として、子どもの育ちなおしに関わりながら自分がしている研究の本質についても考え続けてきました。それは苦しみの只中にいる子どもの苦悩の意味を理解することであると同時に、その子とともに日々生活をする親の不安や悩みの深さに触れながら、子どもの苦悩への理解者に変わる姿を支えることであり、それらを通して一人ひとりの子どもを育ちの危機に陥れる学校と社会そして家庭の問題点を明らかにすることです。その問題点に気づきそれを変えようとする親の自覚が子どもの育ちなおしに重要な意味を持つからです。この困難を伴う仕事に私たちとともに立ち向かってくれるのは、この子にとってこの親だけです。この事実を知っているからこそ、わたしたちは親たちとの間に真実のパートナーシップを築くことができるのです。

たとえば毎年一〇数万人に達する不登校の子どもたちが行きたくても行けなくなる学校とは、一体どうなっているのでしょうか。日本の政治と行政は、財界と政界にとって都合の良い人材をつくる手段として学校教育を利用してきました。あまりにも競争的な今日の学校教育のあり方は、教育を子ども一人ひとりの人格の完成に奉仕するものとは捉えていない証しです。だから誰もが知っているように、今日の日本の「教育」は「競争」や「管理」とほぼ同じ意味で理解されています。日本の為政者達は競争させなければ子どもは勉強しないと考えてますし、歴史の真実や人類が積み上げてきた正義の価値を教えるよりも、大人や管理者の指示に素直に従う「よい子」を作るために、学校に厳しい「管理」を求めてきました。多くの親たちが「子どものため」と思いながら、競争と管理という今日の学校システムに子どもを適応させざるを得ず、結果として追い詰めてしまうのはそのためなのです。

現代の子どもたちはそのような学校に行くと「自分が自分でなくなる」ことや「自分の考えを深める勉強ができない」ことに気づき始めています。だから不登校の子どもたちは苦しみの中で行き当たる思いを「何のために学校に行くのですか」「どうして人間は生きなければならないのですか」等という言葉にしてわたしたちに突きつけてきます。それはまさに学校の意味を問い、自分が生きることの意味を問いながら、親と大人たちに対して必死に救いを求めている姿だと言うことができます。

そしてその声に正面から向き合う大人たちと出会うことができたとき、子どもたちは学校に行けない自分、友達と違う自分を責めて苦しんでいた自分から、人間としての生き方を考える自分を肯定できる自分へと変わっていくのです。自己否定感から自己肯定感への変化です。苦しみをくぐり抜けて獲得した自己肯定感は、かつての自分とは違う新たな目当てに向けて生きる自分を励ます力の源です。育ちなおすとはまさにこの自己肯定感を獲得し、そこから新しい旅立ちを始めることです。

この本は、出版を計画してから日の目を見るまで一年近い月日が掛かりました。忙しさにかまけてなかなか筆を進めることが出来なかったからです。その間、清風堂書店の編集者である奥村さんには非常に多くの援助と助言をいただきました。また社長の面屋さんには忍耐強い励ましとタイムリーな援助をいただくことができました。お二人の支えと忍耐なしにこの本の出版は文字通り不可能だったと思います。ここに感謝の気持ちを記して御礼に代えさせていただきます。

二〇一一年九月一四日

広木克行

本書は以下での講演及び雑誌連載の内容をもとに、加筆・編集し制作しました。

二〇〇五年　長崎「登校拒否を考える親の会」
二〇〇六年　兵庫県立神戸高校
二〇〇八年　上伊那「不登校親の会」
二〇〇九年　大阪高生研
二〇〇九年　福山たんぽぽ保育園
二〇一一年　大阪私学助成を進める会
二〇〇九年一〇月から二〇一〇年二月『日本の学童保育』連載
「講座　子どもの心を理解するために」

著者　広　木　克　行（ひろき かつゆき）

経歴　1945年、樺太生まれ、東京都立大学卒。東京大学大学院博士課程単位取得。専門は教育行政学・臨床教育学。長崎総合科学大学教授、神戸大学教授、大阪千代田短期大学教授・学長を経て、現在　神戸大学名誉教授。長崎、兵庫など各地の不登校・登校拒否を考える親の会相談員。

著書　『21世紀を生きる君へ』『子どもは紫の露草』『子どもが教えてくれたこと』『子育ては素敵なこと』『子どものシグナル見えますか』『学び合って子育て』『保育に愛と科学を』『人が育つ条件』『見直すチャンスはいくらでもある』（共著）（以上　北水）『手をつなぐ子育て』（かもがわ出版）

子どもは「育ちなおし」の名人
—見えますか、子どものシグナル

2011年10月31日　初版　第1刷発行
2024年5月5日　　　　　第6刷発行

著　者　広　木　克　行
発行者　面　屋　　　洋
発行所　清　風　堂　書　店
〒530-0057 大阪市北区曽根崎2-11-16
TEL 06（6316）1460
FAX 06（6314）1600
振替 00920-6-119910

制作編集担当・奥村礼子

印刷・㈱関西共同印刷所

ISBN978-4-88313-667-4 C0037